**일본어 회화
대박 패턴
200**

일본어회화 대박패턴 200

1판 1쇄 발행 2012년 1월 20일
1판 13쇄 발행 2019년 3월 28일

지은이   요리구찌 타즈
펴낸이   유성권

편집장   양선우
편집   신혜진 정지현 윤경선 이가진 백주영
디자인   손소영 이정현
마케팅   김선우 박희준 김민석 박혜민
제작   장재균
외부 스태프 표지 디자인 유수정 본문 디자인 손혜정 삽화 신동민

펴낸곳   ㈜이퍼블릭
출판등록 1970년 7월 28일, 제1-170호
주소   서울시 양천구 목동서로 211 범문빌딩 (07995)
대표전화 02-2653-5131 | 팩스 02-2653-2455
메일   loginbook@epublic.co.kr
포스트   post.naver.com/epubliclogin
홈페이지 www.loginbook.com

- 이 책은 저작권법에 따라 보호받는 저작물이므로 무단전재와 복제를 금지하며, 이 책 내용의 전부 또는 일부를 이용하려면 반드시 저작권자와 ㈜이퍼블릭의 서면 동의를 받아야 합니다.
- 잘못된 책은 구입처에서 교환해 드립니다.
- 책값과 ISBN은 뒤표지에 있습니다.

로그인은 (주)이퍼블릭의 실용서 브랜드입니다.

일본어회화 대박패턴 200

요리구찌 타즈 지음

로그인

| 머리말 |

일본어를 어떻게 공부해야 좋을지 몰라 갈팡질팡하시나요?
일본어가 어렵다고 포기하셨나요?
예전에 일본어를 공부했는데 이젠 잊으셨나요?
이제부터 일본어를 공부해야겠다고요?

　이 책은 이러한 고민을 가진 학습자를 위해 꼭 필요한 패턴만을 모았습니다.
　일본어 공부를 하는 사람 중에는 '일본어를 공부하기는 했지만 회화가 어렵다'는 사람이 적지 않습니다. 그 이유는 첫째 단어를 많이 외우지 않았고, 둘째 다양한 문장을 접하지 않았기 때문입니다. 어학의 기본이 단어라면, 짧은 문장을 제대로 구사하는 것이 회화의 첫걸음입니다.

　짧은 문장을 외우고 여기에 살을 붙이면 긴 문장도 자유자재로 구사하게 됩니다. 단어 실력이 부족하다 해서 그저 단어만 공부하는 것은 재미가 없습니다. 이 책은 패턴을 외우면서 단어를 함께 익힐 수 있는 일석이조의 효과가 있습니다.

이 책을 보고 있자면 의외로 쉽다고 느낄지도 모릅니다. 쉬운 게 맞습니다. 어학은 쉽게 접근해야 합니다. 이렇게 쉬운 패턴에 단어만 바꾸면 갖가지 문장을 만들 수 있습니다.

공부는 책상에서만 하는 것이라 생각할지도 모르겠습니다만, 의외로 어학은 '이동 중'에 학습효과가 높습니다. 통학이나 출퇴근시 버스, 지하철 안에서 짬짬이 이 책을 꺼내 들고 그때그때 마주치는 상황을 책 속의 패턴을 이용해 자기만의 문장으로 만들어 가면 좋겠습니다.

이 책에 정리한 200개의 패턴은 모두가 일상에서 아주 흔히 쓰는 문법입니다. 따라서 처음부터 차근차근 공부해도 좋고, 중간부터 공부해도 상관 없습니다. 관심이 가는 패턴부터 공부하여 점차 익혀 가십시오. 그리고 외운 패턴은 회화에서 응용하여 써 보세요. 그러다 보면 단어도 늘고 회화 실력도 쑥쑥 늘어나 어느새 일본어로 자연스레 대화하고 있는 자신을 발견할 수 있을 것입니다.

요리구찌 타즈

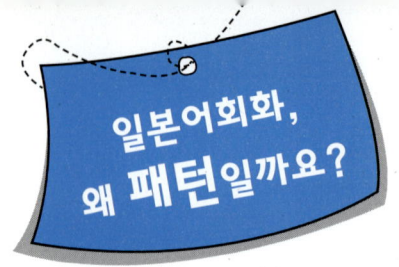

1 패턴은 '규칙적인 표현 덩어리'를 말합니다

놀러 오지 않을래요?	遊びに きませんか。
친구 하지 않을래요?	友達に なりませんか。
건배하지 않을래요?	乾杯 しませんか。

말을 하다 보면 일정하게 반복되는 형식이 있습니다. 위의 우리말 문장을 보면 '~지 않을래요?'라는 표현이 반복되는데, 이런 규칙적인 표현 덩어리를 '패턴'이라고 부릅니다. 여기에 해당하는 일본어 패턴은 바로 ~ませんか입니다.

2 패턴은 회화를 위한 '공식'입니다

그만둘 수밖에 없다.

위 문장을 일본어로 표현해 보세요. 1초 만에 일본어가 튀어나오나요? 만약 이 패턴을 알고 있다면 어떨까요?

> **패턴**　~(할 수)밖에 없다　　~しか ない

일단 패턴을 알고 있으면 やめる(그만두다)란 단어만 넣어주면 되니 갑자기 너무 쉬워지죠? 이렇게 패턴은 공식과 같아서 단어나 표현만 붙여주면 문장을 쉽게 만들 수 있고, 단어·표현만 바꾸면 다양한 문장으로 응용할 수도 있습니다.

할 수밖에 없다.	やるしか ない。
지갑에 1000엔밖에 없다.	財布に 1000円しか ない。
싸구려밖에 없다.	安物しか ない。

따라서 패턴 학습은 단어를 달달 외우거나, 문법을 파고드는 것보다 회화실력을 빨리 향상시킬 수 있기 때문에, 시간투자 대비 가장 효율적인 학습방법으로 인정받고 있습니다.

3 패턴은 초보자들에게 가장 쉬운 일본어 접근법입니다

아직도 많은 학습자들이 문법을 먼저 마스터해야 일본어 회화를 잘할 것이라고 생각하고, 5단동사, 1단동사, 의지형, 사역형 등의 문법용어와 처절한 싸움을 하고 있습니다. 그러나 일본어패턴을 외우고 있으면 단어만 바꿔가면서 자신의 생각을 일본어로 표현할 수 있기 때문에 일본어를 말할 때 일본어 문법에서 해방될 수 있습니다.

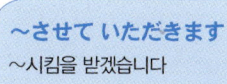

| ~させて いただきます | 문법으로 배우면? | 사역동사의 て형 + いただく의 ます형 [자신의 행동에 대한 겸양표현] |
| ~시킴을 받겠습니다 | 패턴으로 배우면? | (공손하게) 제가 ~하겠습니다 |

발표하겠습니다.　　　　発表(はっぴょう)させて いただきます。

먼저 실례하겠습니다.　　お先(さき)に 失礼(しつれい)させて いただきます。

물론, 문법이 중요하지 않다는 말은 절대 아닙니다. 먼저 패턴으로 일본어의 감을 잡은 다음 문법을 보충적으로 공부하면 된다는 뜻입니다. 패턴을 통한 회화 학습은 일본어회화 초보자에게 가장 쉽고 효과적이라는 것을 강조하고 싶습니다.

4 '패턴'이라는 뼈 위에 '표현'이라는 살을 붙이세요!

일본어 문장은 '패턴'과 '표현'으로 이루어져 있다고 할 수 있습니다. 패턴이 주로 기능 부분을 담당한다면, 표현은 주로 내용 부분을 담당합니다. 이 책에 실린 예문들은 패턴 외에도 좋은 표현들을 골고루 학습할 수 있도록 심혈을 기울여 집필했습니다. 따라서 패턴뿐만 아니라 예문도 모두 암기하여 패턴에 대한 응용력을 키우시기 바랍니다. 또한 모두 학습한 후에는 보다 다양한 일본어표현들을 익혀서 패턴을 여러 가지 상황에서 활용할 수 있는 힘을 길러나가시기 바랍니다.

한국 사람은 누구나 일본어로 말할 수 있다!
단어만 넣으면 말문이 터지는 일본어 패턴훈련

단어만 넣으면 말문이 터지는 일본어 패턴훈련

일본어 특훈 6개월 만에 조혜련을 일본 방송계에 데뷔시킨 카리스마 일본어강사 '요리구찌 타즈'가 제안하는 일본어 패턴훈련. 일본어로 말할 때 가장 많이 사용되는 200개 회화 패턴을 모았다. 지금부터 하루에 5개 패턴씩, 반말과 존댓말 버전으로 딱 4주만 훈련해 보자. 4주 후면 여러분도 자신 있게 일본어로 대화할 수 있게 될 것이다.

'반말패턴-존댓말패턴'으로 현지 일본어에 도전하라!

일본 드라마 한 편을 봐도 존댓말도 나오고, 반말도 나온다. 또한 실제 회화에서는 상대방이 반말로 얘기하는 것을 알아듣고 대답은 존댓말로 해야 하는 경우도 많다. 따라서 '존댓말만 배우는 일본어'와 '반말만 배우는 일본어'는 현실과 동떨어진 교재이다. 어떠한 표현이든 반말과 존댓말을 함께 익혀야 일본에 가서 한마디라도 제대로 사용할 수 있다.

한 예문도 그냥 넘기지 마라! 모두 소리 내어 읽자!

모든 문장은 반드시 내 입을 통해 큰 소리로 발음된 경험이 있어야 내 것이 된다. 또한 공부는 책상에 앉아서 하는 것이라는 편견은 버리자! 출퇴근시, 화장실 갈 때, 친구 기다릴 때 틈틈이 이 책을 펼치고 공부할 시간을 찾아라. 집안에서, 또는 차 안에서 음악 대신 일본어 MP3를 틀어놓는 습관을 들여라. 새는 시간을 주워 담으면 일본어를 공부할 수 있는 시간은 얼마든지 있다.

 '우리말 1회-일본어 2회'로 녹음된 MP3 음원

이 책에는 '우리말 1회-일본어 2회(느리게, 보통으로)'로 본문 전체를 녹음한 MP3 파일을 무료로 제공하고 있습니다. MP3를 듣고 한국어 표현을 일본어로 바꿔 보는 말하기 연습으로 유창한 일본어에 도전해 보세요.

이 책의 구성

Part 1.

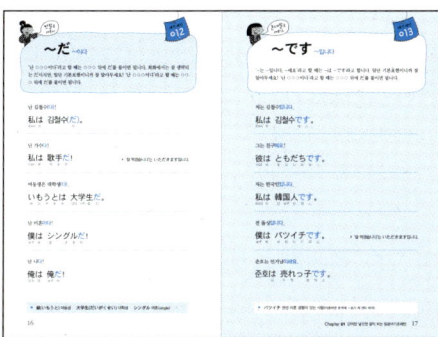

반말패턴 VS 존댓말패턴

일상생활의 기본이 되는 '반말표현'과 사회생활의 기본이 되는 '존댓말표현'! 둘 중 하나라도 놓치고 넘어갈 순 없겠죠? 이 책의 Part 1은 각 패턴의 '반말표현-존댓말표현'을 좌우로 배열하여 하나의 패턴을 반말로도, 존댓말로도 완벽하게 마스터할 수 있도록 구성하였습니다.

Part 2.

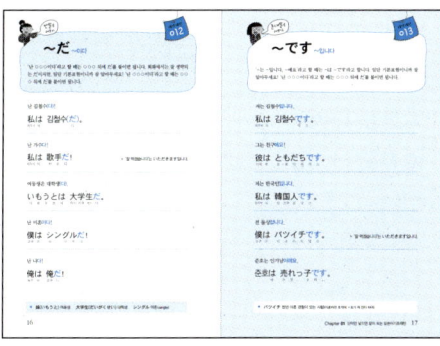

늘 헷갈리는 일본어패턴

이 책의 Part 2는 한국인 학습자가 가장 헷갈리는 실수유발 일본어패턴들을 모아 놓았습니다. おかげで~덕분에와 せいで~탓에, なんで왜와 とうして어째서처럼 서로 비교해서 익히면 좋을 표현들을 좌우로 한눈에 확인하면서 학습하세요. 이 책에 모아놓은 실수유발패턴들을 확실히 마스터하고 나면 일본어가 한국어처럼 편안해지는 느낌이 드실 겁니다.

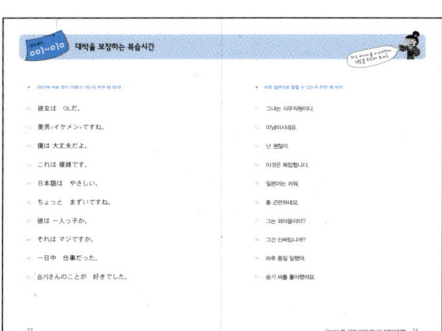

대박을 보장하는 복습시간

본문에서 배운 패턴을 완벽하게 내 것으로 만드는 코너입니다. 언어는 '이해'했다고 해서 절대 내 것이 되지는 않죠? 자신이 표현하고자 하는 말이 1초 만에 바로바로 튀어나올 때까지 주어진 표현을 한국어로, 그리도 또 일본어로 연습해 보세요.

목차

머리말 • 4
일본어회화, 왜 패턴일까요? • 6
이 책의 특징 및 활용법 • 8

Part 1. 일본어의 반말 패턴 VS. 존댓말 패턴 • 18

Chapter 01 단어만 넣으면 말이 되는 일본어 기초패턴 • 20

001	~이다	명사+だ	• 22
002	~입니다	명사+です	• 23
003	~하다	な형용사+だ	• 24
004	~합니다	な형용사+です	• 25
005	~해	~い	• 26
006	~합니다	~いです	• 27
007	~야?	~か	• 28
008	~에요?, ~입니까?	~ですか	• 29
009	~였어, ~였다	~だった	• 30
010	~였어요, ~였습니다	~でした	• 31
011	~했다	~かった	• 32
012	~했습니다	~かったです	• 33
013	~이 아니다	~じゃない	• 34
014	~이 아닙니다	~じゃないです	• 35
015	~지 않다	~くない	• 36
016	~지 않습니다	~くないです	• 37
017	~이 아니었다	~じゃなかった	• 38
018	~이 아니었습니다	~じゃなかったです	• 39
001~018	대박을 보장하는 복습시간		• 40

Chapter 02 있다/없다/한다/안한다를 나타내는 일본어 기본패턴 · 42

019	있다	ある	· 44
020	있습니다	あります	· 45
021	있다	いる	· 46
022	있습니다	います	· 47
023	없다	ない / いない	· 48
024	없습니다	ありません / いません	· 49
025	하다	する	· 50
026	합니다	します	· 51
027	~하지 않다	동사+ない	· 52
028	~하지 않습니다	동사+ません	· 53
029	할 수 없다	できない	· 54
030	할 수 없습니다	できません	· 55
031	~할 수가 없다	~ようが ない	· 56
032	~할 수가 없습니다	~ようが ないです	· 57
033	~한 적이 있다	~た ことが ある	· 58
034	~한 적이 있습니다	~た ことが あります	· 59
019~034 대박을 보장하는 복습시간			· 60

Chapter 03 쉽다/어렵다/좋다/싫다를 나타내는 일본어 핵심패턴 · 62

035	~하기 쉽다	~やすい	· 64
036	~하기 쉽습니다	~やすいです	· 65
037	~하기 힘들다, ~하기 어렵다	~にくい	· 66
038	~하기 어렵습니다	~にくいです	· 67
039	~하기 어렵다	~がたい	· 68
040	~하기 어렵습니다	~がたいです	· 69
041	너무 ~하다	~すぎる	· 70
042	너무 ~합니다	~すぎます	· 71
043	~하고 싶다	~たい	· 72

044	~하고 싶습니다	~たいです	• 73
045	~가 좋다	~が すきだ	• 74
046	~가 좋습니다, ~를 좋아합니다	~が すきです	• 75
047	~은 싫다	~は きらいだ	• 76
048	~은 싫습니다	~は きらいです	• 77
049	~은 싫다	~は いやだ	• 78
050	~은 싫습니다	~は いやです	• 79
051	~해서 다행이다	~て よかった	• 80
052	~해서 다행입니다	~て よかったです	• 81
053	좋을 것 같다	よさそうだ	• 82
054	좋을 것 같습니다	よさそうです	• 83
035~054	대박을 보장하는 복습시간		• 84

Chapter 04 て형과 접속하는 일본어 중요패턴 • 86

055	~하고 있다	~て いる	• 88
056	~하고 있습니다	~て います	• 89
057	~해 보다	~て みる	• 90
058	~해 보겠습니다	~て みます	• 91
059	~해 버리다	~て しまう	• 92
060	~해 버립니다	~て しまいます	• 93
061	~해 두다	~て おく	• 94
062	~해 두겠습니다	~て おきます	• 95
063	~해 주다	~て あげる	• 96
064	~해 주겠습니다	~て あげます	• 97
065	~해 주다	~て やる	• 98
066	~해 주겠습니다	~て やります	• 99
067	~해 줘	~て くれ	• 100
068	~해 주세요	~て ください	• 101
069	~해 받다	~て もらう	• 102
070	~해 받습니다	~て もらいます	• 103
071	~해 주었으면 해	~て ほしい	• 104

| 072 | ~해 주었으면 합니다 | ~て ほしいです | • 105 |

055~072 대박을 보장하는 복습시간 • 106

Chapter 05 생각/의견/추측/예정을 나타내는 일본어 패턴 • 108

073	~겠지	~だろう	• 110
074	~겠지요	~でしょう	• 111
075	~라고 생각하다	~と おもう	• 112
076	~라고 생각합니다	~と おもいます	• 113
077	~지도 모른다	~かも しれない	• 114
078	~지도 모릅니다	~かも しれません	• 115
079	~에 따라 다르다	~に よって ちがう	• 116
080	~에 따라 다릅니다	~に よって ちがいます	• 117
081	~것 같다, ~라고 한다	~そうだ	• 118
082	~것 같아요, ~라고 합니다	~そうです	• 119
083	~듯하다, ~것 같다	~ようだ	• 120
084	~듯해요, ~것 같습니다	~ようです	• 121
085	~것 같다	~みたいだ	• 122
086	~것 같습니다	~みたいです	• 123
087	~듯하다, ~라고 한다, ~답다	~らしい	• 124
088	~듯합니다, ~답습니다	~らしいです	• 125
089	~할 생각이다	~つもりだ	• 126
090	~할 생각입니다	~つもりです	• 127
091	~예정이다	~よていだ	• 128
092	~예정입니다	~よていです	• 129
093	~참이다	~ところだ	• 130
094	~참입니다	~ところです	• 131
095	~할 만도 하다, ~한 것이다	~わけだ	• 132
096	~할 만도 합니다, ~한 것입니다	~わけです	• 133
097	~하기 시작하다	~はじめる	• 134
098	~하기 시작합니다	~はじめます	• 135

073~098 대박을 보장하는 복습시간 • 136

Chapter 06 허가/충고/만류/후회의 일본어 패턴 · 138

099	~해도 돼	~て いい	· 140
100	~해도 돼요	~て いいです	· 141
101	~지 않아도 돼	~なくても いい	· 142
102	~지 않아도 됩니다	~なくても いいです	· 143
103	~하는 게 좋다	~た ほうが いい	· 144
104	~하는 게 좋습니다	~た ほうが いいです	· 145
105	~하는 게 어때?	~たら どう	· 146
106	~하는 게 어때요?	~たら どうですか	· 147
107	~하지 마	~ないで	· 148
108	~하지 마세요	~ないで ください	· 149
109	~하지 않으면 안 돼	~ないと いけない	· 150
110	~하지 않으면 안 됩니다	~ないと いけません	· 151
111	~하지 않으면 안 된다	~なければ ならない	· 152
112	~하지 않으면 안 됩니다	~なければ なりません	· 153
113	~해야 한다	~べきだ	· 154
114	~해야 합니다	~べきです	· 155
115	~때가 아니다	~ばあいでは ない	· 156
116	~때가 아닙니다	~ばあいでは ないです	· 157
117	~해서는 곤란하다	~ては こまる	· 158
118	~해서는 곤란합니다	~ては こまります	· 159
119	안 된다	だめだ	· 160
120	안 됩니다	だめです	· 161
121	~할 걸 그랬다	~ば よかった	· 162
122	~할 걸 그랬습니다	~ば よかったです	· 163
099~122	대박을 보장하는 복습시간		· 164

Chapter 07 -ない로 끝나는 일본어 패턴 · 166

| 123 | 별로 ~하지 않다 | あまり ~ない | · 168 |

124	별로 ~하지 않습니다	あまり ~ないです	• 169
125	미안하다, 죄송하다	もうしわけない	• 170
126	죄송합니다	もうしわけないです	• 171
127	~밖에 없다	~しか ない	• 172
128	~밖에 없습니다	~しか ないです	• 173
129	~해도 상관 없다	~ても かまわない	• 174
130	~해도 상관 없습니다	~ても かまわないです	• 175
131	~임에 틀림없다	~に ちがいない	• 176
132	~임에 틀림없습니다	~に ちがいないです	• 177
133	~할 리가 없다	~はずが ない	• 178
134	~할 리가 없습니다	~はずが ないです	• 179
135	~할 리가 없다	~わけが ない	• 180
136	~할 리가 없습니다	~わけが ないです	• 181
137	~하고 있을 수는 없다	~ては いられない	• 182
138	~하고 있을 수는 없습니다	~ては いられないです	• 183
123~138	대박을 보장하는 복습시간		• 184

Part 2. 한국인이 늘 헷갈리는 일본어 패턴 • 186

Chapter 08 한국인이 늘 헷갈리는 실수유발패턴 • 188

139	~덕분에	~おかげで	• 190
140	~탓에	~せいで	• 191
141	왜, 어째서, 어떻게	なんで	• 192
142	왜, 어째서	どうして	• 193
143	~라는, ~라고 하는	~という	• 194
144	~은, ~라는, ~라고, ~래	~って	• 195
145	~때	~とき	• 196
146	~때마다	~たび	• 197
147	~면서	~ながら	• 198

148	~하는 김에, ~을 겸하여	~がてら	•	199
149	~하고 나서	~てから	•	200
150	~한 뒤	~たあと	•	201
151	~거나	~たり	•	202
152	~라든가, ~든지, ~거니	~とか	•	203
153	~라면, ~하면	~たら	•	204
154	~지 않으면	~なくちゃ	•	205
155	~에서 ~까지	~から~まで	•	206
156	~까지	~までに	•	207
157	~게 되다	~に なる	•	208
158	~게 되다	~く なる	•	209
159	~로 하다	~に する	•	210
160	~하기로 하다	~ことに する	•	211
161	~해서 어쩔 수가 없다	~て しょうが ない	•	212
162	~해서 견딜 수가 없다	~て たまらない	•	213
163	~하자	~よう	•	214
164	~처럼, ~듯이	~ように	•	215
139~164	대박을 보장하는 복습시간		•	216

Chapter 09 함께 알아두는 것이 편한 일본어 패턴   • 218

165	~라면	~なら	•	220
166	아무리 ~해도	いくら~ても	•	221
167	~하세요	~なさい	•	222
168	~합시다	~ましょう	•	223
169	~하면 할수록	~れば~ほど	•	224
170	하는 수 없이	しかたなく	•	225
171	~잖아	~んじゃない	•	226
172	~하지 않을래요?	~ませんか	•	227
173	~인데도, ~임에도 불구하고	~のに	•	228
174	어째서	なぜ	•	229
175	~해서	~くて	•	230

176	~경향이 강하다	~っぽい	• 231
177	~뿐, ~만	~だけ	• 232
178	~한 채로／~하지 않은 채	~たまま／~ないまま	• 233
179	(억지로) ~하다	~させられる	• 234
180	당했다	やられた	• 235
181	(남이) ~해 주시다	~て いただく	• 236
182	(제가) ~하겠습니다	~させて いただきます	• 237
183	~하다	お(ご)~する	• 238
184	~하시다	お(ご)~に なる	• 239
165~184 대박을 보장하는 복습시간			• 240

Chapter 10 문장을 연결하거나 끝마치는 접속사/종조사 패턴 • 242

185	~이고, ~하고	~し	• 244
186	~이지만, ~한데도	~けど	• 245
187	~니까	~から	• 246
188	~이지만, ~인데도, ~이기는 하나	~が	• 247
189	~하지 마	~な	• 248
190	~네, ~군	~なあ	• 249
191	~야	~の	• 250
192	~야, ~이야	~なの／~なんだ	• 251
193	~야, ~이야	~なのよ／~なんだよ	• 252
194	~구나, ~군요	~ね	• 253
195	~이지	~のね	• 254
196	~야, ~이지	~んだ	• 255
197	~야	~よ	• 256
198	~말이야	~さ	• 257
199	~잖아, ~데	~じゃん	• 258
200	~한 걸요, ~한 걸 뭐	~もん	• 259
185~200 대박을 보장하는 복습시간			• 260

Part 1.

일본어의
반말 패턴 vs.
존댓말 패턴

일본어는 존댓말 먼저 배워야 할까요, 반말 먼저 배워야 할까요? 정답은 당연히 '둘 다 배워야 한다'입니다. 그런데 일본어 학습자들을 보면 존댓말, 반말을 무슨 공식처럼 외우기만 하는 경우가 많아요. 하지만 어떤 언어든 내 입에 딱 붙어서 그때그때 튀어나와야 비로소 회화에서 써먹을 수 있답니다. 일본어의 존댓말과 반말! 이제 눈으로만 보지 마시고, 꼭 입으로 말해 보세요.

단어만 넣으면 말이 되는
일본어 기초패턴

001	명사＋だ
002	명사＋です
003	な형용사＋だ
004	な형용사＋です
005	～い
006	～いです
007	～か
008	～ですか
009	～だった
010	～でした
011	～かった
012	～かったです
013	～じゃない
014	～じゃないです
015	～くない
016	～くないです
017	～じゃなかった
018	～じゃなかったです

명사 + だ ~이다

~だ는 한국어의 '~이다'와 같은 말입니다. 하지만 회화에서 ~だ로 끝나는 문장은 남성의 말투입니다. 여성은 ~だね, ~だよ로 부드럽게 말합니다.

나는 한국인이다.

私は 韓国人だ。
와따시 와 캉 꼬꾸 진 다

나는 일본인이다.

私は 日本人だ。
와따시 와 니 혼 진 다

나는 선생님이다.

私は 先生だ。
와따시 와 센 세- 다

그녀는 사무직원이다.

彼女は OLだ。
카 노 조 와 오-에루 다

나는 가수다.

私は 歌手だ。
와따시 와 카 슈 다

- 韓国人(かんこくじん) 한국인   日本人(にほんじん) 일본인   先生(せんせい) 선생님
  OL(オーエル) 사무직 여직원(office lady의 약자로 일본식 영어)   歌手(かしゅ) 가수

명사 + です ~입니다

~です는 공사를 막론하고 손윗사람이나 그다지 친분이 없는 사람에게 남녀 구분 없이 사용하는 일반적인 존댓말입니다.

저는 야마다**입니다**.

私は 山田です。
와따시 와 야마 다 데 스

▶ '일본인은 '성+이름' 또는 '성'을 말합니다.

저는 이승기**입니다**.

私は 이승기です。
와따시 와   데 스

▶ 한국인은 '성+이름'으로 말하시면 됩니다.

저는 학생**입니다**.

私は 学生です。
와따시 와 가쿠 세- 데 스

그는 샐러리맨**입니다**.

彼は サラリーマンです。
카레 와 사 라 리 - 만 데 스

미남**이시네요**.

イケメンですね。
이 케 멘 데 스 네

▶ 한국 드라마 〈미남이시네요〉의 일본 제목.

● **学生(がくせい)** 학생   **サラリーマン** 샐러리맨   **イケメン** 미남, 꽃미남

な형용사 + だ ~하다

な형용사의 본색인 なる는 명사를 꾸며줄 때만 드러납니다. ~だ를 붙일 때는 명사처럼 생각하고 맘편히 그냥 붙여 주세요! 단, だ로 끝나는 말은 회화에서는 남자 말투인 거 기억하시죠?

이것은 간단**하다**.

これは 簡単**だ**。
코레와 간딴다

소녀시대는 유명**하다**.

少女時代は 有名**だ**。
쇼조지다이와 유-메-다

오늘은 한가**하다**.

今日は ひま**だ**。
쿄- 와 히마다

난 괜찮**아**.

僕は 大丈夫**だ**よ。
보꾸와 다이조부다요

▶ 僕는 남자들이 쓰는 '나'입니다.

네가 좋**아**.

君のことが 好き**だ**。
키미노코또가 스끼다

▶ 好きだ(좋아하다)는 조사 が가 옵니다.

- 簡単(かんたん)だ 간단하다   有名(ゆうめい)だ 유명하다   ひまだ 한가하다
  僕(ぼく) 나   大丈夫(だいじょうぶ)だ 괜찮다   好(す)きだ 좋아하다

な형용사 + です ~합니다

'な형용사+だ'의 존댓말은 'な형용사+です'입니다. 경우에 따라 ~です 대신 ~なんです를 사용하면 더욱 일상회화 같은 느낌이 납니다.

이것은 복잡합니다.
これは 複雑です。
코 레 와 후꾸자쯔데 스

이병헌 씨는 멋있어요.
이병헌さんは すてきです。
상 와 스떼끼데스

내일은 한가합니다.
あしたは ひまです。
아 시 따 와 히 마 데 스

전 괜찮습니다.
私は 結構です。
와따시 와 켓꼬- 데 스
▶ 거절할 때 씁니다.

등산은 싫어요.
山登りは きらいです。
야마 노보 리 와 키 라 이 데스

● 複雑(ふくざつ)だ 복잡하다   結構(けっこう)だ 괜찮다, 좋다   山(やま)登(のぼ)り 등산

대박패턴 005

~い ~해

い형용사는 단어 하나로도 충분한 회화가 됩니다. Great!에 해당하는 '스고이(すごい)!', Delicious!에 해당하는 '오이시이(おいしい)!'는 꼭 기억하셨다가 써 보세요.

카라는 대단해!

カラは すごい!
카 라 와 스 고 이

그는 친절해.

彼は やさしい。
카 레 와 야 사 시 이

일본어는 쉬워.

日本語は やさしい。
니 홍 고 와 야 사 시 이

이것은 많아.

これは 多い。
코 레 와 오- 이

이거 맛있어~.

これ、おいしい～。
코 레   오 이 시 이 ~

▶ 남자들은 うまい라고 많이 말해요.

- すごい 굉장하다, 대단하다   やさしい 쉽다; 친절하다   多(おお)い 많다
  おいしい 맛있다

~いです ~합니다

'명사+だ'의 경우 だ를 빼고 です를 붙이지만, い형용사 존댓말은 い를 그대로 두고 뒤에 です를 붙여 ~いです예요.

근석 씨는 멋있어요.

근석さんは かっこいいです。
상 와 칵꼬이- 데스

그녀는 냉정합니다.

彼女は 冷たいです。
카노 조 와 쯔메따이 데스

중국어는 어렵습니다.

中国語は 難しいです。
추- 고꾸 고 와 무즈까시 이 데 스

그것은 적습니다.

それは 少ないです。
소 레 와 스꾸나 이 데스

좀 곤란하네요.

ちょっと まずいですね。   ▶ 일본인들은 대놓고 '맛없다'라곤 잘 안 해요.
춋 또 마즈이데스네

● かっこいい 멋있다   冷(つめ)たい 냉정하다   中国語(ちゅうごくご) 중국어
　難(むずか)しい 어렵다   少(すく)ない 적다   まずい 맛없다; 거북하다, 난처하다

～か ~야?

～か만 붙은 반말 의문문은 주로 남성이 쓰는데, か를 올리면 질문, 내리면 확인의 뜻이 됩니다. 여성은 か를 붙이지 않고 말끝을 올려 질문합니다.

그거 정말이야?

それは 本当か。
소 레 와 혼또- 까

그는 외아들이야?

彼は 一人っ子か。
카레 와 히또릿 꼬 까

그거 맛있어?

それ、おいしい?
소 레 오 이 시 이 ↗

이거 뭐야?

これ、何?
코 레 나니 ↗

여기는 어디야?

ここは どこ?
코 코 와 도 꼬 ↗

- 本当(ほんとう) 정말임, 진짜임   一人(ひとり)っ子(こ) 외동아들·외동딸
  何(なん、なに) 무엇   どこ 어디

~ですか ~에요?, ~입니까?

~ですか 의문문은 ~か에 비해 정중하며, 남녀 모두 씁니다. 말끝을 올리면 질문이 되고, 내리면 상대의 말에 호응하는 말투가 됩니다.

그건 진짜**입니까**?

それは マジですか。
소레와 마지데스까

그녀는 막내**입니까**?

彼女は 末っ子ですか。
카노죠와 스엣꼬데스까

그렇게 맵**나요**?

そんなに 辛いですか。
손나니 카라이데스까

이것은 무엇**입니까**?

これは 何ですか。
코레와 난데스까

화장실 어디**예요**?

トイレは どこですか。
토이레와 도코데스까

● マジ 진심, 진정, 진지함　末(すえ)っ子(こ) 막내　辛(から)い 맵다　トイレ 화장실

대박패턴 009

~だった ~였어, ~였다

~だった는 ~だ의 과거형입니다. 글이 아니라 회화에서 쓰면 대화라기보다는 일방적으로 의견을 말하는 듯이 들립니다.

어제는 비가 **왔어**.

昨日は 雨**だった**。
키노- 와 아메 닷 따

그는 친절**했어**.

彼は 親切**だった**。
카레 와 신세쯔 닷 따

지하철은 편리**했어**.

地下鉄は 便利**だった**。
치까테쯔 와 벤리 닷 따

자리는 텅텅 비**었어**.

席は がらがら**だった**。
세끼 와 가라가라 닷 따

하루 종일 일**했어**.

一日中 仕事**だった**。
이치니찌 쥬- 시고또 닷 따

- 雨(あめ) 비   地下鉄(ちかてつ) 지하철   便利(べんり) 편리   席(せき) 자리
  がらがら 텅텅 빔   一日中(いちにちじゅう) 하루 종일   仕事(しごと) 일, 업무

~でした ~였어요, ~였습니다

~でした는 ~です의 과거형으로, 남녀 모두가 쓰는 정중한 표현입니다. 문장에서나 회화에서나 구별없이 쓸 수 있습니다.

오늘은 흐렸습니다.

今日は くもりでした。
쿄- 와 쿠모리데시따

그녀는 예뻤어요.

彼女は きれいでした。
카노조 와 키레- 데시따

버스는 불편했습니다.

バスは 不便でした。
바스 와 후벤데시따

승기 씨를 좋아했어요.

승기さんのことが 好きでした。
상 노코또가 스끼데시따

잘 먹었습니다.

ごちそうさまでした。
고찌소- 사마데시따

▶ '잘 먹겠습니다'는 いただきます입니다.

● くもり 흐림   きれいだ 예쁘다, 깨끗하다   不便(ふべん)だ 불편하다

Chapter 01 단어만 넣으면 말이 되는 일본어 기초패턴 31

～かった ～했다

い형용사의 과거는 끝의 い를 빼고 ～かった를 붙여서 만듭니다. 여성은 끝에 の나 わ를 붙이기도 합니다.

도쿄는 따뜻했어.

東京は 暖かかった。
토-쿄-와 아타타 까 깟 따

영화가 재미있었어.

映画は 楽しかったわ。
에-가 와 타노시 깟 따 와

시험이 어려웠어.

テストは 難しかった。
테스또 와 무즈까시 깟 따

타이밍이 나빴어.

タイミングが 悪かった。
타 이 밍 구 가 와루 깟 따

어제 비는 대단했어.

きのうの雨は すごかった。
키 노- 노 아메 와 스 고 깟 따

- 暖(あたた)かい 따뜻하다　映画(えいが) 영화　楽(たの)しい 즐겁다, 재미있다
  悪(わる)い 나쁘다　すごい 굉장하다, 대단하다

~かったです ~했습니다

い형용사의 과거존대는 ~かったです입니다. やすいでした처럼 ~でした를 붙여 잘못 말하는 경우가 많으니 주의합시다!

서울은 추웠어요.

ソウルは 寒かったです。
소 우 루 와 사무 깟 따 데 스

연극이 재미없었어요.

演劇が つまらなかったです。
엔 게끼 가 츠 마 라 나 깟 따 데 스

문제가 쉬웠어요.

問題が 易しかったです。
몬 다이 가 야사시 깟 따 데 스

딱 좋았어요.

ちょうど よかったです。
초- 도 요 깟 따 데 스

▶ いい는 주로 평서문에, よい는 활용문에 씁니다.

초밥이 맛있었어요.

おすしが おいしかったです。
오 스 시 가 오 이 시 깟 따 데 스

- 寒(さむ)い 춥다　演劇(えんげき) 연극　つまらない 재미없다, 시시하다
  問題(もんだい) 문제　ちょうど 마침, 꼭, 딱　よい 좋다

~じゃない ~이 아니다

명사나 な형용사의 부정은 ~ではない 또는 ~じゃない인데, ~じゃない가 좀 더 회화체입니다. 끝을 올리면 바로 질문이 되니 주의하세요.

오늘은 일요일이 아니야.

今日は 日曜日じゃない。
쿄- 와 니찌요-비 자 나 이

저 사람은 아는 사람이 아니야.

あの人は 知り合いじゃない。
아 노 히또 와 시리아이 자 나 이

농담이 아니야.

冗談じゃないよ。
조 단 자 나 이 요

여기는 조용하지 않다.

ここは 静かじゃない。
코 코 와 시즈카 자 나 이

기운이 없어.

元気じゃない。
겡 끼 자 나 이

- 日曜日(にちようび) 일요일   知(し)り合(あ)い 아는 사람, 지인   冗談(じょうだん) 농담
  静(しず)かだ 조용하다   元気(げんき)だ 건강하다

～じゃないです ~이 아닙니다

～じゃない는 말끝을 올리느냐 내리느냐에 따라 '부정'도 되고 '질문'도 되지만, ～じゃないです는 부정의 뜻만 지닙니다. ～じゃありません도 마찬가지 뜻입니다.

내일은 토요일이 아니에요.

明日は 土曜日じゃないです。
아시따 와 도요-비 자 나이데스

그녀는 멋쟁이가 아닙니다.

彼女は おしゃれじゃないです。
카노조 와 오샤레 자 나이데스

제 탓이 아닙니다.

私の せいじゃないです。
와따시 노 세- 자 나이데스

그것은 유명하지 않아요.

それは 有名じゃないです。
소레 와 유-메이 자 나이데스

만화영화는 좋아하지 않습니다.

アニメは 好きじゃないです。
아니메 와 스끼 자 나이데스

- **土曜日(どようび)** 토요일   **おしゃれ** 멋부림, 또는 멋쟁이   **有名(ゆうめい)だ** 유명하다
  アニメ 만화영화   **好(す)きだ** 좋아하다

~くない ~지 않다

い형용사의 부정은 い를 く로 바꾼 다음 부정을 나타내는 ~ない를 붙이면 됩니다. 억양을 올리면 질문이 되므로 주의하세요.

내 방은 넓**지 않아**.

私の 部屋は 広**くない**。
와따시 노   헤야 와   히로 꾸 나 이

이 옷은 귀엽**지 않아**.

この服は かわい**くない**。
코 노 후꾸 와   카 와 이 꾸 나 이

이 드라마는 재미있**지 않아**.

この ドラマは おもしろ**くない**。
코 노   도 라 마 와   오 모 시 로 꾸 나 이

여동생이랑은 사이가 좋**지 않아**.

妹とは 仲良**くない**。
이모우또 또 와   나까요 꾸 나 이

나쁘**지 않네**.

悪**くない**ね。
와루 꾸 나 이 네

- 部屋(へや) 방　広(ひろ)い 넓다　服(ふく) 옷, 복장　妹(いもうと) 여동생
  仲良(なかよ)い 사이가 좋다

~くないです ~지 않습니다

~くない 뒤에 です만 붙여주면 정중형이 됩니다. 또한, 끝에 か를 붙이면 그대로 의문형이 됩니다.

우리 집은 크지 않아요.

私の 家は 大きくないです。
와따시 노 이에와 오-키 꾸 나 이 데 스

이 문제는 어렵지 않아요.

この 問題は 難しくないです。
코 노 몬 다이 와 무즈까시 꾸 나 이 데 스

이 책은 재밌지 않아요.

この 本は おもしろくないです。
코 노 홍와 오 모 시 로 꾸 나 이 데 스

어디도 아프지 않아요.

どこも 痛くないです。
도 꼬모 이따 꾸 나 이 데 스

그렇게 비싸지 않아요.

そんなに 高くないです。
손 나 니 타까 꾸 나 이 데 스

- 家(いえ) 집   大(おお)きい 크다   おもしろい 재미있다   痛(いた)い 아프다
  高(たか)い 높다, 비싸다

Chapter 01 단어만 넣으면 말이 되는 일본어 기초패턴 37

～じゃなかった ～이 아니었다

～じゃない의 과거형으로, ～ではなかった보다 회화체입니다. 이때 かった의 촉음 'っ'를 충분히 발음해야 아름답게 들려요.

꿈이 아니었어.

夢じゃなかった。
유메 쟈 나 깟 따

두 사람은 부모자식이 아니었다.

二人は 親子じゃなかった。
후따리 와 오야 꼬 쟈 나 깟 따

나는 행복하지 않았다.

私は 幸せじゃなかった。
와따시 와 시아와 세 쟈 나 깟 따

그는 고분고분하지 않았어.

彼は 素直じゃなかった。
카레 와 스 나오 쟈 나 깟 따

따분하지 않았어.

たいくつじゃなかった。
타 이 쿠 쯔 쟈 나 깟 따

- 夢(ゆめ) 꿈   親子(おやこ) 부모자식   幸(しあわ)せだ 행복하다
  素直(すなお)だ 순진하다, 솔직하다, 고분고분하다   たいくつだ 심심하다

~じゃなかったです
~이 아니었습니다

~じゃなかった에 です만 붙여주면 정중형이 됩니다. 회화에서는 じゃなかったです를 じゃなかったんです로 말하는 경우도 많습니다.

거짓말이 아니었어요.

嘘じゃなかったです。
우소 자 나 깟 따 데 스

두 개는 같지 않았어요.

二つは 同じじゃなかったです。
후따쯔 와 오나지 자 나 깟 따 데스

나는 불행하지 않았어요.

私は 不幸じゃなかったです。
와따시 와 후꼬- 자 나 깟 따 데 스

그녀는 제멋대로가 아니었어요.

彼女は わがままじゃなかったです。
카노조 와 와가마마 자 나 깟 따 데 스

귀찮지 않았어요.

面倒じゃなかったです。
멘도- 자 나 깟 따 데 스

- 嘘(うそ) 거짓말   同(おな)じ 같음   不幸(ふこう) 불행
  わがまま 제 멋대로 굶, 버릇없음   面倒(めんどう)だ 귀찮다

대박패턴 001~018 대박을 보장하는 복습시간

★ 1초 만에 바로 뜻이 이해가 가는지 한번 해 보자!

01 彼は サラリーマンです。

02 少女時代は 有名だ。

03 あしたは ひまです。

04 카라는 すごい!

05 それは マジですか。

06 昨日は 雨だった。

07 今日は くもりでした。

08 タイミングが 悪かった。

09 ちょうど よかったです。

10 私の せいじゃないです。

11 妹とは 仲良くない。

12 嘘じゃなかったです。

★ 바로 일본어로 말할 수 있는지 한번 해 보자.

01 그는 샐러리맨입니다.

02 소녀시대는 유명하다.

03 내일은 한가합니다.

04 카라는 대단해!

05 그건 진짜입니까?

06 어제는 비가 왔어.

07 오늘은 흐렸습니다.

08 타이밍이 나빴어.

09 딱 좋았어요.

10 제 탓이 아닙니다.

11 여동생이랑은 사이가 좋지 않아.

12 거짓말이 아니었어요.

있다/없다/한다/안한다를
나타내는
일본어 기본패턴

019		ある
020		あります
021		いる
022		います
023		ない/いない
024		ありません/いません
025		する
026		します
027		동사＋ない
028		동사＋ません
029		できない
030		できません
031		～ようが ない
032		～ようが ないです
033		～た ことが ある
034		～た ことが あります

대박패턴 019

ある 있다

한국어의 '있다'에 해당하는 일본어에는 ある와 いる가 있습니다. 이중 스스로 움직이지 못하는 사물이 '있다'고 할 때는 ある를 씁니다.

레스토랑이 있어.

レストランが ある。

저기에 라면집이 있어.

あそこに ラーメン屋さんが ある。

빚이 있어.

ローンが ある。

어디에 있어?

どこに ある?

여러 가지 (일이) 있었어.

いろいろ あったの。　　▶ ある의 과거형은 あった입니다.

● ラーメン屋(や)さん 라면가게　　ローン 빚, 대출(영어의 loan에서)　　いろいろ 여러 가지

あります 있습니다

ある의 ます형은 あります로, 남녀 구분 없이 정중한 회화에 씁니다. 끝에 よ나 ね를 붙이면 말투가 부드러워집니다.

백화점이 있어요.

デパートが あります。

건너편에 은행이 있어요.

向(む)こうに 銀行(ぎんこう)が あります。

돈이 있어요.

お金(かね)が あります。

뭔가 질문이 있나요?

何(なに)か 質問(しつもん)が ありますか。

많이 있었어요.

たくさん ありました。

- デパート 백화점   向(む)こう 건너편   銀行(ぎんこう) 은행   お金(かね) 돈

いる 있다

사람이나 동물처럼 스스로 움직일 수 있는 대상이 '있다'고 할 때는 いる를 씁니다. 강조할 때는 いるいる, いたいた 등과 같이 두 번 겹쳐 말하기도 합니다.

남자친구 있어?
彼氏(かれし) いる?

여동생이 한 명 있어.
妹(いもうと)が 一人(ひとり) いる。

앗, 저기에 승기 씨가 있어!
あっ、あそこに 승기さんが いる!

친구가 많이 있다.
友達(ともだち)が たくさん いる。

벌레가 있었다.
虫(むし)が いた。

▶ いる의 과거형은 いた입니다.

- 彼氏(かれし) 남자친구   虫(むし) 벌레

います 있습니다

います는 정중한 회화에서 남녀 모두 씁니다. 말끝에 よ나 ね를 붙이면 부드러운 말투가 됩니다.

여자친구 있어요.
彼女(かのじょ)が います。

형이 두 명 있어요.
兄(あに)が 二人(ふたり) います。

지성 씨는 영국에 있어요.
지성さんは イギリスに います。

애완동물이 많이 있어요.
ペットが たくさん います。

현관에 고양이가 있었습니다.
玄関(げんかん)に ねこが いました。

● 彼女(かのじょ) 그녀, 여자친구　兄(あに) 형　イギリス 영국　玄関(げんかん) 현관

ない / いない 없다

ある(있다)의 부정형은 ない이고, いる(있다)의 부정형은 いない입니다. 말끝에 よ, ね, の를 붙여서 말하기도 합니다.

돈이 **없어**.

お金が **ない**。

좀처럼 짬이 **없어**.

なかなか ひまが **ない**。

그는 옷 입는 센스가 **없어**.

彼は 服の センスが **ない**。

시간이 **없었어**.

時間が **なかった**。

아이가 **없다**.

子供が **いない**。

● **なかなか** 꽤, 상당히; 좀처럼　**ひま** 틈, 짬　**時間(じかん)** 시간　**子供(こども)** 아이

ありません / いません
없습니다

あります(있습니다)의 부정형은 ありません 또는 ないです이고, います(있습니다)의 부정은 いません 또는 いないです입니다.

열쇠가 없어요.

かぎが ありません。

정이 없어요.

情(じょう)が ないです。

아무것도 없었습니다.

何(なに)も ありませんでした。

자리가 없었어요.

席(せき)が なかったです。

안에 아무도 없어요.

中(なか)に 誰(だれ)も いませんよ。

- かぎ 열쇠   情(じょう) 정   席(せき) 자리

する 하다

동사 기본형을 그대로 쓰면 반말 현재형이 됩니다. する는 한국어의 '하다'처럼 여러 가지 명사와 함께 쓰일 수 있는 활용도 만점의 동사입니다.

게임을 하다.

ゲームを する。

장난을 하다.

いたずらを する。

키스를 하다.

キスを する。

요리를 하다.

料理(りょうり)を する。

이상한 소리가 나다.

変(へん)な 音(おと)が する。

- いたずら 장난   料理(りょうり) 요리   変(へん)だ 이상하다   音(おと) 소리

します 합니다

동사의 정중형은 동사에 ~ます를 붙여 만듭니다. 동사 する의 ます형은 します입니다.

근석 씨를 응원할게요.

근석さんを 応援(おうえん)します。

데이트합니다.

デートを します。

이사를 해요.

引(ひ)っ越(こ)しを します。

친구를 소개하겠습니다.

友達(ともだち)を 紹介(しょうかい)します。

마사지를 합니다.

マッサージを します。

- 応援(おうえん) 응원   引(ひ)っ越(こ)し 이사   紹介(しょうかい) 소개

동사 + ない ~하지 않다

동사에 ない를 붙이면 '~하지 않다'라는 부정 표현이 됩니다. ない가 붙을 때 동사 어미 변화에 주의하세요.

전차가 안 와.
電車(でんしゃ)が 来(こ)ない。

남의 말을 안 들어.
人(ひと)の 話(はなし)を 聞(き)かない。

전혀 모르겠어.
全然(ぜんぜん) わからない。

별로 드라마를 안 봐.
あまり ドラマを 観(み)ない。

아무것도 몰라.
何(なに)も 知(し)らない。

- 電車(でんしゃ) 전차, 전철   聞(き)く 듣다   わかる 알다, 이해하다   観(み)る 보다
  知(し)る 알다

동사 + ません ~하지 않습니다

ます 대신 ません을 넣으면 동사의 정중한 부정이 됩니다. 또는 ないです를 붙여 만들 수도 있습니다. 회화에서 ないです는 ないんです라고 말하는 경우도 많습니다.

그는 안 옵니다.

彼は 来ません。

말을 안 듣습니다.

言う ことを 聞きません。

전혀 모르겠습니다.

まったく わかりません。

영화는 거의 보지 않습니다.

映画は ほとんど 観ないです。

자세한 것은 모릅니다.

詳しいことは 知らないんです。

- まったく 전혀　ほとんど 거의　詳(くわ)しい 상세하다, 자세하다

できない 할 수 없다

'할 수 있다'는 뜻인 できる의 부정으로, 회화에서는 혼잣말이나 뭔가를 호소할 때 씁니다. ～が できない(～을 할 수 없다)나 ～ことが できない(～할 수가 없다) 형태로 많이 쓰지요.

아무래도 이해가 안돼.

どうしても 理(り)解(かい)できない。

참을 수가 없었다.

がまん できなかった。

수영을 못한다.

水(すい)泳(えい)が できない。

사이트에 들어갈 수가 없어.

サイトに 入(はい)る ことが できない。

전화를 걸 수가 없어.

電(でん)話(わ)を かける ことが できないの。

- 水泳(すいえい) 수영　サイトに 入(はい)る 사이트에 들어가다
  電話(でんわ)を かける 전화를 걸다

できません 할 수 없습니다

できない의 정중형은 できないです와 できません이 있지만, 회화에서는 주로 できません을 씁니다.

회화가 잘 안 됩니다.
会話(かいわ)が うまく できません。

영어를 전혀 못합니다.
英語(えいご)が まったく できません。

절약을 못했습니다.
節約(せつやく)が できませんでした。

취소가 불가능합니다.
キャンセルが できません。

아침 일찍 일어날 수가 없어요.
朝(あさ) 早(はや)く 起(お)きる ことが できません。

● 会話(かいわ) 회화   うまく 잘   英語(えいご) 영어   節約(せつやく) 절약
　キャンセル 캔슬, 취소

~ようが ない ~할 수가 없다

'동사 ます형+ようが ない'는 '~하려고 해도 할 수가 없다, 할 방법이 없다'는 뜻으로, 하고는 싶지만 수단과 방법이 없어 불가능한 일을 나타낼 때 쓰는 표현입니다.

잊을 수가 없어.
忘れようが ない。

구제불능이구나.
もう 救いようが ない。

손을 쓸 수가 없어.
手の打ちようが ない。

대단하다고밖에 말할 수가 없다.
すごいとしか 言いようが ない。

수영복이 없어서 수영을 할 수가 없었다.
水着が ないので 泳ぎようが なかった。

- 救(すく)う 구하다   手(て)を 打(う)つ 손을 쓰다   水着(みずぎ) 수영복
  泳(およ)ぐ 헤엄치다

~ようが ないです
~할 수가 없습니다

~ようが ない의 정중형으로, ~ようが ありません이라고 해도 됩니다. 단순히 できないです라고 하는 것보다 훨씬 감정이 실리는 표현이에요.

눈부셔서 눈을 뜰 수가 없습니다.
まぶしくて 目の 開きようが ないです。

너무 어두워서 읽을 수가 없어요.
暗すぎて 読みようが ないです。

무거워서 들 수가 없어요.
重いので 持ちようが ないです。

그 병은 치료할 수가 없습니다.
その 病は 治療のしようが ありません。

물이 안 나와서 마실 수가 없었어요.
水が 出ないので 飲みようが ありませんでした。

- まぶしい 눈부시다   目(め)を 開(ひら)く 눈을 뜨다   暗(くら)い 어둡다
  ~すぎる 지나치게 ~하다   病(やまい) 병   出(で)る 나오다, 나가다

～た ことが ある ~한 적이 있다

'동사た형+ ことが ある'는 과거의 경험을 강조할 때 씁니다. 반대는 ～た ことが ない(~한 적이 없다)입니다.

원빈 씨를 만난 적이 있다.

原빈さんに 会った ことが ある。

여기에 와 본 적이 있다.

ここに 来た ことが ある。

왕따당해 본 적이 있다.

いじめられた ことが ある。

외국에 나간 적 있어?

外国に 出た こと ある?

스키를 타 본 적이 없다.

スキーを した ことが ない。

● 会(あ)う 만나다   いじめられる 괴롭힘당하다   外国(がいこく) 외국

~た ことが あります

~한 적이 있습니다

た ことが 있다의 정중형입니다. 외국인과 대화할 때 자주 등장하는 표현이니 잘 기억해 두세요.

한 번 만난 적이 있습니다.
一度 会った ことが あります。

미국에 간 적이 있어요.
アメリカに 行った ことが あります。

핸드폰을 잃어버린 적이 있어요.
携帯を なくした ことが あります。

일본에 가 본 적이 있습니까?
日本へ 行った ことが ありますか。

비행기를 탄 적이 없습니다.
飛行機に 乗った ことが ありません。

- 一度(いちど) 한 번　行(い)く 가다　携帯(けいたい) 휴대전화　乗(の)る 타다

대박패턴 019~034   대박을 보장하는 복습시간

★ 1초 만에 바로 뜻이 이해가 가는지 한번 해 보자!

01 何か 質問が ありますか。

02 彼氏 いる?

03 玄関に ねこが いました。

04 彼は 服の センスが ない。

05 全然 わからない。

06 映画は ほとんど 観ないです。

07 どうしても 理解できない。

08 英語が まったく できません。

09 もう 救いようが ない。

10 まぶしくて 目の 開きようが ないです。

11 外国に 出た こと ある?

12 日本へ 行った ことが ありますか。

★ 바로 일본어로 말할 수 있는지 한번 해 보자.

01 뭔가 질문이 있나요?

02 남자친구 있어?

03 현관에 고양이가 있었습니다.

04 그는 옷 입는 센스가 없어.

05 전혀 모르겠어.

06 영화는 거의 보지 않습니다.

07 아무래도 이해가 안돼.

08 영어를 전혀 못합니다.

09 구제불능이구나.

10 눈부셔서 눈을 뜰 수가 없습니다.

11 외국에 나간 적 있어?

12 일본에 가 본 적이 있습니까?

쉽다/어렵다/좋다/싫다를
나타내는
일본어 핵심패턴

- 035 〜やすい
- 036 〜やすいです
- 037 〜にくい
- 038 〜にくいです
- 039 〜がたい
- 040 〜がたいです
- 041 〜すぎる
- 042 〜すぎます
- 043 〜たい
- 044 〜たいです
- 045 〜が すきだ
- 046 〜が すきです
- 047 〜は きらいだ
- 048 〜は きらいです
- 049 〜は いやだ
- 050 〜は いやです
- 051 〜て よかった
- 052 〜て よかったです
- 053 よさそうだ
- 054 よさそうです

~やすい ~하기 쉽다

'~하기 쉽다, ~하기 편리하다'란 뜻으로, 동사 ます형에 접속합니다. 즐겨 쓰는 표현이므로 활용도가 높습니다. 꼭 익혀 두세요.

흰옷은 더러워지기 쉽다.
白い 服は 汚れやすい。

그녀는 상처 입기 쉬워.
彼女は 傷つきやすい。

배추는 먹기 좋은 크기로 썬다.
白菜は 食べやすい 大きさに 切る。

그와는 대화하기 편했어.
彼とは 話しやすかった。

이 휴대폰은 사용하기 쉽지 않다.
この ケータイは 使いやすくない。

- 白(しろ)い 희다   汚(よご)れる 더러워지다   傷(きず)つく 상처받다
  白菜(はくさい) 배추   切(き)る 썰다, 자르다   ケータイ 휴대폰

~やすいです ~하기 쉽습니다

발음할 때 やすい를 강조하면 더욱 자연스럽게 들립니다. 이때 や는 약하게, す는 살짝 강하게 하는 게 좋습니다.

와인은 마시기 편해요.

ワインは 飲みやすいです。

아이는 다치기 쉬워요.

子供は けがしやすいです。

발라드는 듣기 편해요.

バラードは 聞きやすいです。

설명이 알기 쉬웠어요.

説明が わかりやすかったです。

이 사이트는 보기 편하지 않습니다.

この サイトは 見やすくないです。

- けがする 다치다

~にくい ~하기 힘들다, ~하기 어렵다

'~하기 힘들다, ~하기 어렵다'란 뜻으로, 동사 ます형에 접속합니다. ~やすい 와 마찬가지로 활용도가 높습니다.

낫토는 먹기 힘들다.
納豆(なっとう)は 食(た)べにくい。

기모노는 입기 어렵다.
着物(きもの)は 着(き)にくい。

한자는 외우기 어렵다.
漢字(かんじ)は 覚(おぼ)えにくい。

이 책은 읽기 어렵다.
この 本(ほん)は 読(よ)みにくい。

면허는 따기 어려웠다.
免許(めんきょ)は とりにくかった。

- 納豆(なっとう) 낫토(콩을 발효시킨 한국의 청국장과 비슷한 음식)　覚(おぼ)える 외우다
  読(よ)む 읽다　免許(めんきょ) 면허　とる 따다

～にくいです ～하기 어렵습니다

～にくい의 정중형으로, 발음할 때 にくい 부분을 강조하면 더욱 자연스럽게 들립니다.

마른 오징어는 씹기 어려워요.

スルメは かみにくいです。　▶ 일반 오징어는 いか라고 합니다.

넥타이는 매기 어렵습니다.

ネクタイは しめにくいです。

그 설명은 이해하기 어려워요.

その 説明(せつめい)は わかりにくいです。

대형 쓰레기는 버리기 힘들어요.

粗大(そだい)ゴミは 捨(す)てにくいです。

100점은 받기 어려웠습니다.

100点(ひゃくてん)は とりにくかったです。

- スルメ 마른 오징어　かむ 씹다　しめる 매다　粗大(そだい)ゴミ 대형 쓰레기

~がたい ~하기 어렵다

동사 ます형에 접속하며, ~にくい와 비슷한 표현이나, 의지를 강조해서 말할 때 씁니다. 약간은 옛스러운 표현으로, 관용적으로 쓰이는 표현이 많습니다.

그녀는 잊기 어려워.
彼女の ことは 忘れがたい。

옛 편지는 버리기 어려워.
昔の 手紙は 捨てがたい。

바람기는 용서하기 어렵다.
浮気は 許しがたい。

이 점은 이해하기 어렵다.
この 点は 理解しがたい。

그의 이야기는 믿기 어려웠다.
彼の 話は 信じがたかった。

- 忘(わす)れる 잊다　捨(す)てる 버리다　浮気(うわき) 바람, 바람기
  理解(りかい) 이해　信(しん)じる 믿다

~がたいです ~하기 어렵습니다

말끝에 よ를 붙이면 자신의 생각을 전달하는 표현이 되며, ね를 붙이면 동조를 구하는 표현이 됩니다.

첫사랑은 잊기 어려워요.
初恋(はつこい)は 忘(わす)れがたいです。

이 추위는 견디기 어렵네요.
この 寒(さむ)さは 耐(た)えがたいですね。

어른 싸움은 화해하기 어렵습니다.
大人(おとな)の けんかは 仲直(なかなお)りしがたいです。

몇 번을 들어도 이해하기 어렵습니다.
何度(なんど) 聞(き)いても 理解(りかい)しがたいです。

그 자리에서 결정하기 어려웠어요.
その場(ば)で 決(き)めがたかったです。

- 初恋(はつこい) 첫사랑   耐(た)える 견디다   けんか 싸움   仲直(なかなお)り 화해
  決(き)める 결정하다

Chapter 03 쉽다/어렵다/좋다/싫다를 나타내는 일본어 핵심패턴   69

~すぎる 너무 ~하다

い형용사는 い를 뺀 어간에, 동사는 ます형에 접속하며, 초과하거나 정도가 지나친 상태를 표현합니다.

가격이 **너무** 비싸.

値段が **高**すぎる。

너무 멋있어.

かっこよすぎる。　　　　▶ 활용문에는 주로 よい를 쓴다고 했죠?

아이한테는 **너무** 어렵다.

子供には **難**しすぎる。

돈을 **지나치게** 썼어.

お**金**を **使**いすぎた。

하루 종일 **너무** 일했다.

一日中 **働**きすぎた。

- 値段(ねだん) 값, 가격　　かっこいい 멋있다　　難(むずか)しい 어렵다
  使(つか)う 쓰다　　働(はたら)く 일하다

~すぎます 너무 ~합니다

~すぎる의 정중형입니다. 과거형인 ~すぎました나 부정형인 ~すぎません도 꼭 같이 익혀 두세요.

김치는 너무 매워요.

キムチは 辛(から)すぎます。

너무 꼴불견입니다.

かっこ悪(わる)すぎます。

오늘은 너무 덥네요.

今日(きょう)は 暑(あつ)すぎますね。

뷔페에서 과식했습니다.

バイキングで 食(た)べすぎました。

오늘밤은 과음하지 않겠습니다.

今夜(こんや)は 飲(の)みすぎません。

● 辛(から)い 맵다   暑(あつ)い 덥다   バイキング 뷔페   今夜(こんや) 오늘밤

～たい ～하고 싶다

동사는 ます형에 접속하며, 말끝에 な를 붙이면 회화체가 됩니다. 여성은 ～たーい 하고 길게 늘려서 말하면 애교스럽게 들리기도 합니다.

커피 마시고 싶어.

コーヒーが 飲みたい。

타쿠야 씨를 만나고 싶어~.

たくやさんに 会いた～い。

방에서 쉬고 싶어.

部屋で 休みたい。

혼자가 되고 싶지 않아.

一人に なりたくないわ。

쉬고 싶었어.

ゆっくりしたかった。

- 会(あ)う 만나다   休(やす)む 쉬다   ゆっくりする 여유를 가지다, 쉬다

~たいです ~하고 싶습니다

~たい의 정중형입니다. 실제 회화에서는 ~たいんですけど(~하고 싶은데요) 라고 살짝 돌려서 간접적으로 말하는 경우가 많습니다.

날씬해지고 싶어요.

細(ほそ)く なりたいです。

그와 얘기가 하고 싶어요.

彼(かれ)と 話(はなし)が したいです。

집에 가고 싶은데요.

家(うち)に 帰(かえ)りたいんですけど。

함께 가고 싶지 않아요.

一緒(いっしょ)に 行(い)きたくないです。

느긋하게 있고 싶었습니다.

のんびりしたかったです。

- 細(ほそ)い 가늘다   一緒(いっしょ)に 함께   のんびりする 느긋하게 있다, 유유자적하다

～が すきだ ～가 좋다

남성이 쓰는 표현입니다. 여성은 だ를 뺀 ～が すき 형태로 쓰며, よ를 덧붙여 すきよ라고도 합니다. 조사 が를 쓰는 데 주의하세요.

따뜻한 봄을 좋아한다.
暖かい 春が 好きだ。

여행을 좋아한다.
旅行が 好きだ。

아이를 좋아해.
子供が 好き。

공부를 별로 좋아하지 않아.
勉強が あまり 好きじゃない。

쭉 네가 좋았어.
ずっと 君のことが 好きだった。

● 暖(あたた)かい 따뜻하다   旅行(りょこう) 여행   勉強(べんきょう) 공부

~が すきです
~가 좋습니다, ~를 좋아합니다

~が すきだ의 정중형입니다. 부정형은 すきじゃないです(~을 좋아하지 않습니다)가 됩니다.

선선한 가을이 좋아요.

涼しい 秋が 好きです。

잘생긴 사람이 좋아요.

ハンサムな 人が 好きです。

공부하는 게 좋아요.

勉強する ことが 好きです。

집요한 사람은 좋아하지 않아요.

しつこい 人は 好きじゃないです。

애니메이션을 좋아했습니다.

アニメが 好きでした。

- ハンサムだ 잘생기다   しつこい 집요하다, 끈덕지다

Chapter 03 쉽다/어렵다/좋다/싫다를 나타내는 일본어 핵심패턴

~は きらいだ ~은 싫다

회화에서는 남성이 쓰는 표현입니다. 여성은 だ를 빼고 쓰며, よ을 덧붙여도 좋습니다. 단, ~は きらい라고 하면 아주 심하게 들리기 때문에 주의가 필요합니다.

단 것은 싫다.
甘(あま)い ものは きらいだ。

말 많은 사람은 싫다.
おしゃべりは きらいだ。

여드름투성이 얼굴은 싫어.
ニキビ顔(がお)は きらい。

심술쟁이는 싫어.
意地悪(いじわる)な 人(ひと)は きらいよ。

비를 싫어하지 않는다.
雨(あめ)は きらいじゃない。

● おしゃべり 수다스러움; 수다쟁이   ニキビ 여드름   意地悪(いじわる)だ 심술궂다

~は きらいです ~은 싫습니다

~は きらいだ의 정중형입니다. 부정형인 ~は きらいじゃないです(~은 싫어하지 않아요)의 형태도 회화에서 잘 쓰는 표현입니다.

짠맛은 싫어합니다.
塩辛(しおから)い 味(あじ)は きらいです。

제멋대로인 사람은 싫어합니다.
自分勝手(じぶんかって)な 人(ひと)は きらいです。

추운 겨울은 싫습니다.
寒(さむ)い 冬(ふゆ)は きらいです。

별로 싫어하지는 않습니다만.
別(べつ)に きらいじゃないですが。

이 스타일은 싫지 않아요.
この スタイルは きらいじゃないですよ。

- 塩辛(しおから)い 짜다　味(あじ) 맛　自分勝手(じぶんかって)だ 제멋대로이다
  寒(さむ)い 춥다　冬(ふゆ) 겨울　別(べつ)に 별로, 특별히

~は いやだ ~은 싫다

きらいだ와 같은 뜻이지만, いやだ는 난처함, 곤람함을 내포합니다. 여자들은 회화에서 い를 빼고 やだ라고도 자주 씁니다.

고된 일은 싫다.
きつい 仕事は いやだ。

나이를 먹는 것은 싫다.
歳を とるのは いやだ。

머리 아픈 것은 싫다.
頭が 痛いのは いやだ。

이 향은 싫지 않다.
この 香りは いやじゃない。

쓸쓸한 것은 싫었다.
さびしい 思いを するのは いやだった。

- きつい 고되다, 심하다   歳(とし)を とる 나이를 먹다   頭(あたま) 머리
  痛(いた)い 아프다   香(かお)り 향기   さびしい 쓸쓸하다   思(おも)い 생각

~は いやです ~은 싫습니다

~は いやだ의 정중형입니다. 실제 회화에서는 ~は いやなんです라는 부드러운 표현을 많이 씁니다.

짙은 화장은 싫습니다.

厚化粧(あつげしょう)は いやです。

저도 빚은 싫은데요.

私(わたし)も **借金**(しゃっきん)は いやなんですが。

외톨이는 싫습니다.

一人(ひとり)ぼっちは いやです。

바쁜 것이 싫지는 않습니다.

忙(いそが)しいのは いやじゃないです。

엄격한 선생님은 싫었습니다.

きびしい 先生(せんせい)は いやでした。

- 厚化粧(あつげしょう) 짙은 화장 借金(しゃっきん) 빚 一人(ひとり)ぼっち 외톨이
  忙(いそが)しい 바쁘다 きびしい 엄격하다, 엄하다

Chapter **03** 쉽다/어렵다/좋다/싫다를 나타내는 일본어 핵심패턴 79

～て よかった ～해서 다행이다

안도의 기분을 나타내는 표현입니다. 말끝을 よかった～ 하고 늘려 말하면 더욱 자연스럽습니다.

지갑을 찾아서 다행이다.
財布（さいふ）が 見（み）つかって よかった。

마음에 든다니 다행이야.
気（き）に 入（い）って もらえて よかった。

길이 비어서 다행이다.
道（みち）が すいてて よかった。　▶ すいて いて에서 い가 생략된 형태.

약속시간에 도착해서 다행이다.
約束（やくそく）の 時間（じかん）に 着（つ）いて よかった。

시험에 합격해서 다행이다.
試験（しけん）に 合格（ごうかく）して よかった。

- 財布(さいふ) 지갑　見(み)つかる 찾게 되다, 발견되다　気(き)に 入(い)る 마음에 들다
　道(みち) 길　すく 비다　着(つ)く 도착하다

~て よかったです
~해서 다행입니다

~て よかった의 정중형입니다. 말끝에 ね를 붙이면 동조의 뜻을 나타내는 부드러운 표현이 됩니다.

태어나서 다행입니다.
生まれて よかったです。

잘 돼서 다행이네요.
うまくいって よかったですね。

약속을 지킬 수 있어서 다행입니다.
約束を 守れて よかったです。

도움이 돼서 다행입니다.
お役に 立てて よかったです。

결혼하길 잘하셨나요?
結婚して よかったですか。

- 生(う)まれる 태어나다　うまくいく 잘 되어 가다　守(まも)る 지키다
  役(やく)に 立(た)つ 도움이 되다　結婚(けっこん) 결혼

よさそうだ 좋을 것 같다

혼잣말이나 문장에 씁니다. 남성이라면 말끝에 よ, ぜ를, 여성이라면 わ, ね 등을 붙이면 회화체가 됩니다.

그는 성격이 **좋을 것 같아**.

彼は 性格が **よさそうだ**ね。

요가는 몸에 **좋을 것 같다**.

ヨガは 体に **よさそうだ**。

이쪽 크기가 **좋을 것 같다**.

こっちの サイズが **よさそうだ**。

그와 사이가 **좋을 것 같다**.

彼と 仲が **よさそうだ**。

꽤 **괜찮을 것 같았어**.

なかなか **よさそうだった**わ。

● 性格(せいかく) 성격   仲(なか)が いい 사이가 좋다   なかなか 상당히, 꽤

よさそうです 좋을 것 같습니다

よさそうだ의 정중형입니다. 상대방에게 권하거나 좋다는 감정을 전달할 때 씁니다. 말끝에 ね를 붙이면 부드럽게 들립니다.

그녀는 머리가 좋을 것 같습니다.

彼女は 頭が よさそうです。

국산이 좋을 것 같습니다.

国産の 方が よさそうです。

그 색이 좋을 것 같습니다.

そっちの 色が よさそうです。

면접 결과가 좋을 것 같습니다.

面接の 結果が よさそうです。

부모 자식 간에 사이가 좋을 것 같았습니다.

親子の 仲が よさそうでした。

- 頭(あたま) 머리   国産(こくさん) 국산   方(ほう) 쪽, 방향   色(いろ) 색
  面接(めんせつ) 면접   結果(けっか) 결과

대박패턴 035~054 대박을 보장하는 복습시간

★ 1초 만에 바로 뜻이 이해가 가는지 한번 해 보자!

01　白い 服は 汚れやすい。

02　説明が わかりやすかったです。

03　漢字は 覚えにくい。

04　スルメは かみにくいです。

05　バイキングで 食べすぎました。

06　コーヒーが 飲みたい。

07　細く なりたいです。

08　ずっと 君のことが 好きだった。

09　別に きらいじゃないですが。

10　頭が 痛いのは いやだ。

11　気に 入って もらえて よかった。

12　彼女は 頭が よさそうです。

★ 바로 일본어로 말할 수 있는지 한번 해 보자.

01 흰옷은 더러워지기 쉽다.

02 설명이 알기 쉬웠어요.

03 한자는 외우기 어렵다.

04 마른 오징어는 씹기 어려워요.

05 뷔페에서 과식했습니다.

06 커피 마시고 싶어.

07 날씬해지고 싶어요.

08 쭉 네가 좋았어.

09 별로 싫어하지는 않습니다만.

10 머리 아픈 것은 싫다.

11 마음에 든다니 다행이야.

12 그녀는 머리가 좋을 것 같습니다.

て형과 접속하는
일본어 중요패턴

- 055 〜て いる
- 056 〜て います
- 057 〜て みる
- 058 〜て みます
- 059 〜て しまう
- 060 〜て しまいます
- 061 〜て おく
- 062 〜て おきます
- 063 〜て あげる
- 064 〜て あげます
- 065 〜て やる
- 066 〜て やります
- 067 〜て くれ
- 068 〜て ください
- 069 〜て もらう
- 070 〜て もらいます
- 071 〜て ほしい
- 072 〜て ほしいです

~て いる ~하고 있다

~て いる는 ① 영어의 ~ing처럼 진행을 뜻하거나 ② 결과나 완료 상태를 뜻합니다. 회화에서는 い를 생략하고 ~てる라고 줄여 말하는 경우가 많아요.

밥을 먹고 있어.

ご飯を 食べて いる。

남동생은 TV를 보고 있어.

弟は テレビを 見てる。

문자를 보내고 있어.

携帯メールを 打ってる。

고양이는 푹 자고 있어.

猫は ぐっすり 寝て いる。

너랑 많이 닮았어.

君に よく 似て いる。

- 携帯(けいたい)メールを 打(う)つ (핸드폰의) 문자를 쓰다 ぐっすり 푹 寝(ね)る 자다 似(に)る 닮다 (주로 ている 형태로 쓰임)

～て います ～하고 있습니다

～て いる의 정중형입니다. 마찬가지로 회화에서는 い를 생략해 ～てます라고 많이 말합니다.

비가 내리고 있어요.

雨が 降って います。

얘기를 하고 있습니다.

話を して います。

당신을 사랑하고 있습니다.

あなたを 愛してます。

안경을 쓰고 있습니다.

めがねを かけて います。

감기에 걸렸습니다.

かぜを ひいてます。

- 愛(あい)する 사랑하다   かぜを ひく 감기에 걸리다

～て みる ～해 보다

실제로 어떤 일을 시도하거나 할 때 쓰는 표현입니다. 남성은 말끝에 よ나 ぜ를, 여성은 わ나 ね를 붙여 회화체를 만듭니다.

노래를 불러 보다.

歌(うた)を 歌(うた)って みる。

(시도)해 볼래?

試(ため)して みる？

원작을 읽어 봤다.

原作(げんさく)を 読(よ)んで みた。

막걸리에 맥주를 섞어서 마셔 봤다.

マッコリに ビールを 混(ま)ぜて 飲(の)んで みた。

걔랑 얘기 좀 해 봐.

彼(かれ)と 話(はな)して みてね。

- 歌(うた) 노래   歌(うた)う 부르다   試(ため)す 시도하다   原作(げんさく) 원작
  ビール 맥주   混(ま)ぜる 섞다, 혼합하다   飲(の)む 마시다

~て みます ~해 보겠습니다

~て みる의 정중형입니다. 청유형인 ~て みましょう도 많이 쓰이므로 함께 알아둡시다.

해 보겠습니다.

やって みます。

피아노를 쳐 보겠습니다.

ピアノを ひいて みます。

조금 더 생각해 보겠습니다.

もう 少(すこ)し 考(かんが)えて みます。

바로 사용해 봤습니다.

さっそく 使(つか)って みました。

일본어로 일기를 써 봅시다.

日本語(にほんご)で 日記(にっき)を つけて みましょう!

● ひく 치다, 연주하다　考(かんが)える 생각하다　さっそく 즉시, 바로

Chapter 04 て형과 접속하는 일본어 중요패턴　91

~て しまう ~해 버리다

어떤 행동이나 상태의 완료를 강조한 표현으로, 회화에서는 ちゃう로 줄여 쓰는 경우가 많습니다. 여성의 경우 말끝에 の를 붙여 부드럽게 말합니다.

때때로 늦잠을 자 버린다.
時々 朝ねぼうを して しまう。

눈을 돌려 버리다.
目を そらして しまう。

하품이 나 버렸다.
あくびが 出て しまった。

눈물이 나 버렸어.
涙が 出て しまったの。

금방 끝나 버렸다.
すぐ 終わっちゃった。

- 時々(ときどき) 때때로   目(め)を そらす 눈을 돌리다, 외면하다   あくび 하품
  涙(なみだ) 눈물   終(お)わる 끝나다

~て しまいます ~해 버립니다

~して しまう의 정중형입니다. 화자가 의도하지 않았음에도 생긴 일 또는 후회의 감정이 내포되어 있습니다.

남 앞에서 바로 긴장해 버립니다.
人前で すぐに 緊張して しまいます。

여름방학이 끝나 버립니다.
夏休みが 終わって しまいます。

재채기가 나와 버렸어요.
くしゃみが 出ちゃいました。

무심코 웃어 버렸어요.
思わず 笑って しまいました。

깜빡 졸아 버렸어요.
居眠りを して しまいました。

- **人前(ひとまえ)** 남의 앞 **緊張(きんちょう)** 긴장 **くしゃみ** 재채기
  思(おも)わず 무의식 중에, 무심코 **居眠(いねむ)り** 깜빡 졺, 앉아서 졺

～て おく _{～해 두다}

준비한다는 뜻이 포함되어 있습니다. 실제 회화에서는 말끝에 남성은 ぞ나 よ, 여성은 ね나 わ 등을 붙여 말합니다. 줄임말은 ～とく, ～どく입니다.

메일을 보내 둘게.

メールを 送って おくね。

약을 먹어 두다.

薬を のんで おく。

이름을 적어 둘게.

名前を 書いて おくよ。

다림질을 해 두다.

アイロンを かけて おく。

스위치를 넣어 두다.

スイッチを 入れ とく。

- 送(おく)る 보내다　薬(くすり) 약　名前(なまえ) 이름
  アイロンを かける 다림질을 하다　入(い)れる 넣다; (전기 등을) 켜다

～て おきます ~해 두겠습니다

～て おく의 정중형입니다. 말끝에 よ나 ね 등을 붙이면 딱딱하지 않은 정중한 표현이 됩니다.

메모를 써 둘게요.
メモを 書いて おきます。

냉장고에 넣어 두겠습니다.
冷蔵庫に 入れて おきますね。

주소를 알아봐 두겠습니다.
住所を 調べて おきます。

세탁을 해 둘게요.
洗濯を して おきますよ。

타이머를 설정해 두겠습니다.
タイマーを かけときます。

- 冷蔵庫(れいぞうこ) 냉장고　　住所(じゅうしょ) 주소　　調(しら)べる 알아보다, 조사하다

～て あげる ~해 주다

상대방을 위해 어떤 행동을 할 때 쓰는 말로, 생색을 내는 듯한 느낌이 들기도 하므로 주의해야 합니다. 말끝에 よ나 ね를 붙이면 더욱 자연스럽습니다.

조금 기다려 줄게.

少(すこ)し 待(ま)って あげるよ。

선물을 사 줄게.

プレゼントを 買(か)って あげる。

아이를 돌봐 줄게.

子供(こども)の 世話(せわ)を して あげる。

어깨를 주물러 줬다.

肩(かた)を もんで あげた。

라면을 끓여 줬다.

ラーメンを 作(つく)って あげた。

- 待(ま)つ 기다리다   世話(せわ)を する 돌보다, 보살피다   肩(かた) 어깨
  もむ 주무르다   作(つく)る 만들다

~て あげます ~해 주겠습니다

~て あげる의 정중형입니다. 주어가 없더라도 '내가 남에게 해 주는 행위'임을 잊지 마세요.

숙제를 **봐 줄게요**.
宿題を 見て あげます。

메일 주소를 가르**쳐 줄게요**.
メルアドを 教えて あげます。

도시락을 만들**어 주겠습니다**.
お弁当を 作って あげます。

마사지를 **해 주었습니다**.
マッサージを して あげました。

사진을 찍**어 주었습니다**.
写真を とって あげました。

- 宿題(しゅくだい) 숙제   弁当(べんとう) 도시락
  写真(しゃしん)を とる 사진을 찍다

~て やる ~해 주다

て あげる와 비슷하지만, 아랫사람이나 동물에게 '~해 주다'란 뜻일 때와 자신의 강한 의지를 나타낼 때의 두 가지 경우에 씁니다.

과자를 나눠 줄게.

お菓子を わけて やる。

돈을 내 줄게.

お金を 出して やるよ。

너를 뛰어나게 만들어 주겠어.

お前を 立派に して やる。

불평해 주겠어.

文句を 言って やる。

소문을 퍼뜨려 주겠어.

うわさを 広めて やる。

- わける 나누다 出(だ)す 내다 お前(まえ) 너 立派(りっぱ)だ 뛰어나다, 훌륭하다
  文句(もんく)を 言(い)う 불평하다 うわさ 소문 広(ひろ)める 퍼뜨리다

~て やります ~해 주겠습니다

~て やる의 정중형입니다. 실제 회화에서는 ~て あげる 쪽이 더 부드럽게 들립니다.

도와줄게요.

助(たす)けて やります。

일을 찾아 줄게요.

仕事(しごと)を 探(さが)して やります。

창문을 열어 줄게요.

窓(まど)を 開(あ)けて やります。

짐을 들어 줄게요.

荷物(にもつ)を 持(も)って やります。

좋아하는 것을 사고야 말겠습니다.

好(す)きな ものを 買(か)って やります。

- 助(たす)ける 돕다　探(さが)す 찾다　窓(まど) 창, 창문　開(あ)ける 열다
  荷物(にもつ) 짐　持(も)つ 들다

Chapter 04 て형과 접속하는 일본어 중요패턴

～て くれ ~해 줘

'~해 줘'라고 부탁, 요청하는 표현인데 주로 남성이 쓰는 회화체입니다. 여성은 ～て ください를 잘 씁니다.

빨리 말해 줘.
早(はや)く 言(い)って くれ。

이걸 들어 줘.
これを 持(も)って くれ。

대답을 가르쳐 줘.
答(こた)えを 教(おし)えて くれ。

전기를 꺼 줘.
電気(でんき)を 消(け)して くれ。

창문을 닫아 줘.
窓(まど)を 閉(し)めて くれ。

- 早(はや)く 빨리   答(こた)え 답   消(け)す 끄다   閉(しめ)る 닫다

~て ください ~해 주세요

남녀를 불문하고 요구할 때 쓰는 정중한 표현입니다. 실제로는 한국어의 '~해 주세요'보다 훨씬 넓은 의미로 빈번하게 쓰입니다.

한 번 더 말해 주세요.

もう 一度(いちど) 言(い)って ください。

질문하세요.

質問(しつもん)して ください。

잠깐 기다려 주세요.

ちょっと 待(ま)って ください。

이걸 건네 주세요.

これを 渡(わた)して ください。

푹 쉬세요.

ゆっくり して ください。

● 質問(しつもん) 질문   渡(わた)す 건네다

Chapter 04 て형과 접속하는 일본어 중요패턴   101

~て もらう ~해 받다

'상대방이 나를 위해 어떤 것을 해 주는' 것을 나타내며, 한국어에는 없지만 일본어에서는 자주 쓰이는 표현이니 잘 익혀두시기 바랍니다. 해 주는 주체를 ~에 앞에 적습니다.

어머니가 치워 주시다.
母(はは)に 片付(かたづ)けて もらう。

그가 와 주다.
彼(かれ)に 来(き)て もらう。

부모님에게 물려받았다.
親(おや)に ゆずって もらった。

친구가 보여 주었어.
友達(ともだち)に 見(み)せて もらったの。

선생님께 칭찬 받았다.
先生(せんせい)に ほめて もらった。

- 片(かた)付(づ)ける 치우다, 정리하다　　親(おや) 부모　　ゆずる 물려주다
  見(み)せる 보이다　　ほめる 칭찬하다

~て もらいます ~해 받습니다

~て もらう의 정중형입니다. 의외로 입에서 잘 나오지 않는 표현이므로 자주 소리내어 연습하는 것도 좋겠습니다.

야마다 씨가 해 줍니다.

山田さんに やって もらいます。

여자친구가 만들어 줘요.

彼女(かのじょ)に 作(つく)って もらいます。

아버지께서 사 줍니다.

父(ちち)に 買(か)って もらいます。

형에게 축구를 배웠습니다.

兄(あに)に サッカーを 教(おし)えて もらいました。

달러로 바꿔 받았어요.

ドルに 換(か)えて もらいました。

- 兄(あに) 형, 오빠   換(か)える 바꾸다, 교환하다

~て ほしい ~해 주었으면 해

ほしい는 원래 '~을 원하다'라는 뜻의 동사인데, ~て ほしい는 상대방에게 어떤 행동을 요구하거나, 부탁할 때 씁니다.

결혼해 줬으면 해.
結婚を して ほしい。

따라와 줬으면 해.
ついて 来て ほしい。

커피를 타 줬으면 해.
コーヒーを 入れて ほしい。

기념품을 사 줬으면 해.
おみやげを 買って ほしい。

노래를 다운로드해 줬으면 해.
歌を ダウンロードして ほしい。

- ついて 来(く)る 따라오다, 쫓아오다   コーヒーを 入(い)れる 커피를 타다, 커피를 내리다

~て ほしいです
~해 주었으면 합니다

~て ほしい의 정중형입니다. 실제 회화에서는 중간에 んです를 붙여 ほしいんです라고 하는 것이 자연스럽습니다.

돈을 돌려주었으면 합니다.

お金を 返して ほしいです。

이혼해 줬으면 해요.

離婚して ほしいんです。

도와줬으면 합니다만.

手伝って ほしいんですが。

네비게이션을 켜 줬으면 좋겠는데요.

カーナビを つけて ほしいですけど。

에어컨을 꺼 줬으면 좋겠습니다만.

クーラーを 消して ほしいんですが。

- 返(かえ)す 돌려주다   離婚(りこん) 이혼   手伝(てつだ)う 돕다
  カーナビ 네비게이션(car navigation의 약자)   つける 켜다   消(け)す 끄다

대박을 보장하는 복습시간

대박패턴 055~072

★ 1초 만에 바로 뜻이 이해가 가는지 한번 해 보자!

01 携帯(けいたい)メールを 打(う)ってる。

02 かぜを ひいてます。

03 試(ため)して みる？

04 もう 少(すこ)し 考(かんが)えて みます。

05 すぐ 終(お)わっちゃった。

06 メモを 書(か)いて おきます。

07 少(すこ)し 待(ま)って あげるよ。

08 メルアドを 教(おし)えて あげます。

09 答(こた)えを 教(おし)えて くれ。

10 もう 一度(いちど) 言(い)って ください。

11 親(おや)に ゆずって もらった。

12 ついて 来(き)て ほしい。

★ 바로 일본어로 말할 수 있는지 한번 해 보자.

01 문자를 보내고 있어.

02 감기에 걸렸습니다.

03 (시도)해 볼래?

04 조금 더 생각해 보겠습니다.

05 금방 끝나 버렸다.

06 메모를 써 둘게요.

07 조금 기다려 줄게.

08 메일 주소를 가르쳐 줄게요.

09 대답을 가르쳐 줘.

10 한 번 더 말해 주세요.

11 부모님에게 물려받았다.

12 따라와 줬으면 해.

생각/의견/추측/예정을 나타내는 일본어 패턴

- 073 〜だろう
- 074 〜でしょう
- 075 〜と おもう
- 076 〜と おもいます
- 077 〜かも しれない
- 078 〜かも しれません
- 079 〜に よって ちがう
- 080 〜に よって ちがいます
- 081 〜そうだ
- 082 〜そうです
- 083 〜ようだ
- 084 〜ようです
- 085 〜みたいだ
- 086 〜みたいです
- 087 〜らしい
- 088 〜らしいです
- 089 〜つもりだ
- 090 〜つもりです
- 091 〜よていだ
- 092 〜よていです
- 093 〜ところだ
- 094 〜ところです
- 095 〜わけだ
- 096 〜わけです
- 097 〜はじめる
- 098 〜はじめます

～だろう ～겠지

확실하지 않은 어떤 일을 추측하는 표현하거나 부드러운 단정을 나타냅니다. 명사, い형용사, な형용사는 な 없이, 동사는 기본형에 붙으며, 여성은 말끝에 ね를 붙입니다.

역시 무리**겠지**.

やっぱり 無(む)理だろう。

비가 내리**겠지**.

雨(あめ)が 降(ふ)るだろう。

그는 출세하**겠지**.

彼(かれ)は 出世(しゅっせ)するだろう。

내가 이기**겠지**.

私(わたし)が 勝(か)つだろう。

저건 누구**일까**?

あれは 誰(だれ)だろう。

• 雨(あめ)が 降(ふ)る 비가 내리다　出世(しゅっせ)する 출세하다　勝(か)つ 이기다

~でしょう ~겠지요

~だろう의 정중형으로 끝을 내리면 추측의 표현, 끝을 올리면 상대방의 동의를 구하는 표현이 됩니다. 뉴스에서도 자주 씁니다.

그가 최고겠죠.
彼が トップでしょう。

그녀는 성공하겠지요.
彼女は 成功するでしょう。

분명 만족하겠지요.
きっと 満足するでしょう。

지지 않겠지요.
負けないでしょう。

이건 뭘까요?
これは 何でしょう。

● 成功(せいこう) 성공   満足(まんぞく)する 만족하다   負(ま)ける 지다

Chapter 05 생각/의견/추측/예정을 나타내는 일본어 패턴   111

~と おもう ~라고 생각하다

자신의 의지, 추측에 씁니다. 부정의 뜻인 ~と おもわない도 함께 익혀 두세요.

무척 맛있다고 생각해.

めっちゃ おいしいと おもう。

엄청 좋다고 생각해.

すごく いいと おもう。

나보다 연상이라고 생각해.

俺より 年上だと おもう。

중요하다고 생각하지 않아.

重要だと おもわない。

어떻게든 할 수 있다고 생각했다.

なんとか やって いけると おもった。

- めっちゃ 무척, 엄청   俺(おれ) 나(남성어. ぼく보다 더 캐주얼한 표현)
  年上(としうえ) 연상   なんとか 어떻게든   やって いける 해나가다

~と おもいます
~라고 생각합니다

~と おもう의 정중형입니다. 자신의 생각을 강하지 않게 말하는 아주 일본적인 표현입니다.

정말로 훌륭하다고 생각해요.
本当に すばらしいと 思います。

카리스마가 있다고 생각합니다.
カリスマが あると 思います。

저보다도 어리다고 생각합니다.
私よりも 年下だと 思います。

의견이 모아진다고는 생각하지 않습니다.
意見が まとまるとは 思いません。

완벽하다고 생각했습니다.
完璧だと 思いました。

- **すばらしい** 훌륭하다 **~よりも** ~보다도 **年下(としした)** 연하 **意見(いけん)** 의견
  まとまる 정리되다, 모아지다 **完璧(かんぺき)だ** 완벽하다

～かも しれない ～지도 모른다

확신이 없는 '불확실한 추측'을 나타냅니다. 말끝에 ね나 よ를 붙여도 좋습니다. 명사나 い형용사 기본형, 동사 기본형에 붙으며, な형용사는 だ 없이 어간에 붙습니다.

죽을**지도 몰라**.

死ぬ**かも しれない**。

회사를 그만둘**지도 몰라**.

会社を やめる**かも しれない**。

알아챘을**지도 몰라**.

気が ついて いる**かも しれない**。

나, 천재인**지도 몰라**.

僕、天才**かも しれない**。

손님이 올**지도 몰라**.

客が 来る**かも しれない**。

• 死(し)ぬ 죽다   やめる 그만두다   気(き)が つく 알아채다

~かも しれません

~지도 모릅니다

~かも しれない의 정중형입니다. 같은 뜻으로 ~かも しれないです라고 하기도 합니다.

후회하고 있을지도 모릅니다.

後悔しているかも しれません。

이제 안 될지도 몰라요.

もう だめかも しれません。

마음에 안 들지도 모릅니다.

気に 入らないかも しれません。

예약이 안 될지도 모릅니다.

予約が 取れないかも しれません。

벌써 나왔을지도 모릅니다.

もう 出たかも しれません。

- 後悔(こうかい) 후회   気(き)に 入(い)る 마음에 들다   予約(よやく) 예약
  取(と)る 잡다, 취하다

Chapter **05** 생각/의견/추측/예정을 나타내는 일본어 패턴   115

~によって ちがう
~에 따라 다르다

종류, 내용에 따라 상황이 달라지는 것을 나타내는 표현입니다. 의견 차이가 있으면 이 한마디로 회화가 성립합니다.

사람에 따라 달라.
人<small>ひと</small>に よって ちがうよ。

날에 따라 다르다.
日<small>ひ</small>に よって ちがう。

나라에 따라 다르다.
国<small>くに</small>に よって ちがう。

음식에 따라 다르다.
食<small>た</small>べ物<small>もの</small>に よって ちがう。

생각에 따라 달랐다.
考<small>かんが</small>え方<small>かた</small>に よって ちがった。

- 日(ひ) 날, 날짜   国(くに) 나라   食(た)べ物(もの) 먹을거리, 음식
  考(かんが)え方(かた) 생각, 사고방식

~に よって ちがいます

~에 따라 다릅니다

~に よって ちがう의 정중형입니다.

종류에 따라 다릅니다.

種類に よって ちがいます。

시간에 따라 다릅니다.

時間に よって ちがいます。

대학에 따라 다릅니다.

大学に よって ちがいます。

레스토랑에 따라 다릅니다.

レストランに よって ちがいます。

계절에 따라 달랐습니다.

季節に よって ちがいました。

- 種類(しゅるい) 종류　季節(きせつ) 계절

～そうだ ~것 같다, ~라고 한다

~そうだ에는 ① '남의 말을 전하는' 전문과 ② 추측의 두 가지 표현이 있습니다. 전문의 そうだ는 명사다, な형용사다 및 い형용사, 동사기본형과 결합합니다.

그 가게는 무한정 먹을 수 있는 곳이라고 한다. [전문]

あの 店は 食べ放題だそうだ。

빨리 온다고 한다. [전문]

早く 来るそうだ。

디즈니랜드에 간다고 한다. [전문]

ディズニーランドに 行くそうだ。

재미 없을 것 같다. [추측]

おもしろく なさそうだ。

와~, 맛있을 것 같아. [추측]

わあ～、おいしそう！

● 店(みせ) 가게, 상점 食(た)べ放題(ほうだい) 무제한으로 먹음

~そうです ~것 같아요, ~라고 합니다

~そうだ의 정중형입니다. 추측의 そうだ는 い형용사에서 い를 뺀 어간, な형용사 어간, 동사 ます형과 결합합니다.

아침은 뷔페라고 합니다. [전문]
朝食は バイキングだそうです。

내일 온천에 간다고 합니다. [전문]
明日 温泉に 行くそうです。

그녀는 행복한 것 같습니다. [추측]
彼女は 幸せそうです。

우리 집 강아지, 머리가 나쁜 것 같아요. [추측]
うちの わんちゃん、頭が 悪そうです。

눈이 올 것 같아요. [추측]
雪が 降りそうです。

● 朝食(ちょうしょく) 아침식사   温泉(おんせん) 온천   幸(しあわ)せだ 행복하다

～ようだ ~듯하다, ~것 같다

～ようだ에는 상태, 추측, 비유의 표현이 있습니다. 명사와 결합할 때는 '명사+の+よう'의 형태가 되며, 동사와 い형용사는 기본형과 결합합니다.

밖에 비가 오는 것 같다.

外は 雨の ようだ。

마치 일본 사람인 것 같다.

まるで 日本人の ようだ。

옆집은 부재중인 듯하다.

となりは 留守の ようだ。

이 약은 효과가 있는 듯하다.

この 薬は 利く ようだ。

마음 쓰지 않는 것 같다.

気に して いない ようだ。

- 外(そと) 밖   留守(るす) 부재중   利(き)く 효과가 있다
  気(き)に する 마음을 쓰다, 신경을 쓰다

~ようです ~듯해요, ~것 같습니다

~ようだ의 정중형입니다. な형용사와 결합할 때는 ~なようです의 형태가 됩니다.

취소 대기인 듯합니다.

キャンセル待ちの ようです。

그는 저를 좋아하는 같아요.

彼は 私が 好きな ようです。

내일도 추울 것 같습니다.

明日も 寒い ようです。

눈이 내린 듯합니다.

雪が 降った ようです。

신용하지 않는 것 같습니다.

信用して いない ようです。

- キャンセル待(ま)ち (누군가의) 취소를 기다림   信用(しんよう)する 신용하다

～みたいだ ~것 같다

～みたいだ는 ～ようだ의 회화체로, 비유, 추측 표현이 있습니다. 요즘 사람들은 이 표현이 없으면 말을 못한다고 할 정도로 많이 쓰입니다. 끝의 だ는 회화에서 흔히 생략됩니다.

프로 **같다**.

プロ**みたいだ**。

마치 어린아이 **같다**.

まるで 子供(こども)**みたいだ**。

밖은 더운 **것 같다**.

外(そと)は 暑(あつ)い**みたい**。

놀란 **것 같다**.

ビックリした**みたい**。

나간 **것 같다**.

出(で)かけた**みたい**。

● ビックリする 놀라다   出(で)かける 외출하다, 나가다

～みたいです ~것 같습니다

～みたいだ의 정중형입니다. 회화에서 아주 많이 쓰이는 표현이니, 입에 붙을 때까지 큰 소리로 연습하세요.

아마추어 같습니다.
素人(しろうと)みたいです。

안은 시원한 것 같습니다.
中(なか)は すずしいみたいです。

어쩐지 화가 나 있는 것 같습니다.
なんだか 怒(おこ)ってるみたいです。

놀란 것 같습니다.
おどろいたみたいです。

돌아온 것 같습니다.
帰(かえ)って きたみたいです。

- **素人(しろうと)** 아마추어　**すずしい** 시원하다, 선선하다　**怒(おこ)る** 화가 나다
  おどろく 놀라다

～らしい ～듯하다, ～라고 한다, ～답다

～らしい에는 상태와 추측, 전달의 표현이 있습니다. 실제 회화에서는 말끝을 늘려서 말하면 자연스럽게 들립니다.

비가 그쳤나보다.

雨が やんだらしい。

확실한 성격인 듯하다.

性格が はっきりして いるらしい。

그는 쌍둥이래.

彼は 双子らしい。

다음달에 결혼한다나봐.

来月 結婚するらしい。

정말 남자답다.

なんて 男らしい。

● やむ 그치다　性格(せいかく) 성격　双子(ふたご) 쌍둥이　なんて 어쩌면 그렇게

~らしいです ~듯합니다, ~답습니다

~らしい의 정중형입니다. 어디선가 보거나 들은, 정보원이 있을 때 쓰는 표현이란 점도 알아 두세요.

우유부단한 성격인 듯합니다.
優柔不断な 性格らしいです。

이웃은 이사한 듯합니다.
隣は 引っ越したらしいです。

일기예보에 의하면 내일은 눈이래요.
天気予報に よると 明日は 雪らしいです。

그는 시골로 돌아갔대요.
彼は 田舎に 戻ったらしいです。

그녀답군요.
彼女らしいですね。

- 隣(となり) 이웃, 옆집　引(ひ)っ越(こ)す 이사하다　天気予報(てんきよほう) 일기예보
  田舎(いなか) 시골　戻(もど)る 돌아오다, 돌아가다

～つもりだ ～할 생각이다

자신이 마음속으로 정한 계획을 말할 때는 つもり를 씁니다. だ로 끝나는 말투는 남성적이고, 여성은 だ를 빼고 つもり라고만 하는 것이 자연스럽습니다.

만나서 얘기할 **생각이야**.

会って 話す**つもり**。

가져올 **생각이다**.

持って くる**つもりだ**。

그와 함께 할 **생각이야**.

彼と 一緒に やる**つもり**。

오늘은 손수 요리를 해서 대접할 **생각이다**.

今日は 手料理で もてなす**つもりだ**。

일을 받아들일 **생각이었다**.

仕事を 引き受ける**つもりだった**。

- 持(も)って くる 가져오다   やる 하다   手料理(てりょうり) 직접 만든 요리
  もてなす 대접하다, 환대하다   引(ひ)き受(う)ける 받아들이다

～つもりです ～할 생각입니다

～つもりだ의 정중형입니다. 뒤에 나올 よてい에 비해 아직 구체적인 계획은 없는 상태입니다.

보고 결정할 생각이에요.
見て 決めるつもりです。

사 올 생각입니다.
買って くるつもりです。

체인점을 낼 생각입니다.
チェーン店を 出すつもりです。

제가 한턱낼 생각이었어요.
私が おごるつもりでした。

일을 거절할 생각이었습니다.
仕事を 断るつもりでした。

- 決(き)める 정하다, 결정하다   おごる 한턱내다   断(ことわ)る 거절하다

~よていだ ~예정이다

미래의 계획이 미리 정해져 있을 때 쓰는 표현입니다. つもり에 비해 구체적인 계획이 나와 있는 상태입니다.

3월에 출산할 **예정이다**.
3月に 出産する **予定だ**。

내년에 유학할 **예정이다**.
来年 留学する **予定だ**。

가게를 열 **예정이다**.
店を オープンする **予定だ**。

새차로 바꿀 **예정이다**.
新車に 替える **予定だ**。

이번 달에 발표할 **예정이었다**.
今月 発表する **予定だった**。

- 出産(しゅっさん)する 출산하다   留学(りゅうがく)する 유학하다
  新車(しんしゃ) 신차, 새차   替(か)える 바꾸다   発表(はっぴょう)する 발표하다

～よていです ～예정입니다

～よていだ의 정중형입니다. 막연하게 생각한 것이 아닌 확실히 정해진 일정에 대해서만 씁니다.

이번 달에 아기가 태어날 예정이에요.
今月 子供が 生まれる 予定です。

겨울 방학에는 스키를 배울 예정입니다.
冬休みは スキーを 習う 予定です。

대학에 진학할 예정입니다.
大学に 進学する 予定です。

지금부터 외출할 예정입니다.
これから 出かける 予定です。

다음 달에 결혼식을 올릴 예정이었습니다.
来月 結婚式を あげる 予定でした。

- 習(なら)う 배우다 大学(だいがく) 대학 進学(しんがく)する 진학하다
  来月(らいげつ) 다음 달 あげる 올리다

～ところだ ~참이다

회화에서 ～ところだ는 ちょうど(마침), 今(지금) 등의 부사가 앞에 오는 경우가 많습니다.

지금 시작되는 참이다.

今、始まるところだ。

지금 치울 참이다.

今、片付けるところだ。

지금부터 나갈 참이다.

今から、出かけるところだ。

지금부터 잘 참이다.

今から、寝るところだ。

마침 지금 생각하고 있는 참이었어.

ちょうど今、考えてるところだった。

● 始(はじ)まる 시작되다　片付(かたづ)ける 치우다　寝(ね)る 자다

~ところです ~참입니다

~ところだ의 정중형입니다. 과거형인 ~ところでした(~참이었습니다)도 자주 쓰이니 꼭 기억해 두세요.

지금 외출할 참이에요.
今、外出するところです。

지금 돌아갈 참입니다.
今、帰るところです。

지금 도착하려는 참입니다.
今、着くところです。

딱 정리하는 참입니다.
ちょうど 整理を するところです。

마침 계획을 세우고 있던 참이었습니다.
ちょうど 計画を 立てて いるところでした。

- 外出(がいしゅつ)する 외출하다　整理(せいり)する 정리하다
  計画(けいかく)を 立(た)てる 계획을 세우다

~わけだ ~할 만도 하다, ~한 것이다

'~할 만도 하다, ~한 것이다'란 뜻으로, 실제 회화에서는 결과를 봐서 그러하리라는 이유나 과정을 알았을 때 씁니다.

연휴니까 사람이 많을 만도 하다.
連休だから 人が 多いわけだ。

그렇다면 상대가 화낼 만도 하다.
それじゃ 相手が 怒るわけだ。

그래서 늦었던 거다.
それで 遅れたわけだ。

병 때문에 야위어 버린 거다.
病気の せいで やせちゃったわけだ。

곤욕을 치룬 거다.
ひどい目に あったわけだ。

- 相手(あいて) 상대   怒(おこ)る 화나다   遅(おく)れる 늦다   病気(びょうき) 병
  ひどい目(め)に あう 안 좋은 일을 당하다

～わけです ～할 만도 합니다, ~한 것입니다

～わけだ의 정중형으로, '~할 만도 합니다, ~한 것입니다'의 뜻으로 해석됩니다.

견인되어 차가 없는 것입니다.

レッカーされて 車が ないわけです。

사기를 당한 것입니다.

さぎに あったわけです。

그래서 그녀가 반대한 것입니다.

そういうことで 彼女が 反対したわけです。

엔진 고장으로 멈춘 것입니다.

エンストで 止まったわけです。

외국인이라서 알 수 없는 것입니다.

外国人だから わからないわけです。

- レッカーされる 견인되다   反対(はんたい) 반대   エンスト 엔진이 멈춤
  止(と)まる 멈추다

~はじめる ~하기 시작하다

동사 ます형에 접속하며, 지금부터 어떤 일을 시작한다는 표현입니다.

말하기 시작하다.
言いはじめる。

떠들기 시작한다.
おしゃべりしはじめる。

소설을 쓰기 시작했다.
小説を 書きはじめた。

그를 의식하기 시작했다.
彼を 意識しはじめた。

아기가 기기 시작했다.
赤ちゃんが ハイハイを しはじめた。

● 小説(しょうせつ) 소설　意識(いしき) 의식　赤(あか)ちゃん 아기　ハイハイ 배밀이

~はじめます <small>~하기 시작합니다</small>

~はじめる의 정중형입니다. 아래 문장들을 눈으로만 보지 마시고, 꼭 소리 내어 3번씩 읽어봅시다.

요리할 준비를 하기 시작해요.
料理の 下ごしらえを しはじめます。

눈이 내리기 시작했습니다.
雪が 降りはじめました。

겨우 달리기 시작했습니다.
やっと 走りはじめました。

바로 읽기 시작했습니다.
さっそく 読みはじめました。

아이가 읽고 쓰기를 하기 시작했습니다.
子供が 読み書きを しはじめました。

- 下(した)ごしらえ 밑손질   やっと 겨우, 간신히   さっそく 즉시

Chapter 05 생각/의견/추측/예정을 나타내는 일본어 패턴   135

대박패턴 073~098 대박을 보장하는 복습시간

★ 1초 만에 바로 뜻이 이해가 가는지 한번 해 보자!

01　雨が　降るだろう。

02　会社を　やめるかも　しれない。

03　わあ～、おいしそう！

04　明日　温泉に　行くそうです。

05　外は　雨の　ようだ。

06　おどろいたみたいです。

07　天気予報に　よると　明日は　雪らしいです。

08　会って　話すつもり。

09　これから　出かける　予定です。

10　今、片付けるところだ。

11　それじゃ　相手が　怒るわけだ。

12　雪が　降りはじめました。

★ 바로 일본어로 말할 수 있는지 한번 해 보자.

01 비가 내리겠지.

02 회사를 그만둘지도 몰라.

03 와~, 맛있을 것 같아.

04 내일 온천에 간다고 합니다.

05 밖에 비가 오는 것 같다.

06 놀란 것 같습니다.

07 일기예보에 의하면 내일은 눈이래요.

08 만나서 얘기할 생각이야.

09 지금부터 외출할 예정입니다.

10 지금 치울 참이다.

11 그렇다면 상대가 화낼 만도 하다.

12 눈이 내리기 시작했습니다.

허가/충고/만류/후회의
일본어 패턴

099	～て いい
100	～て いいです
101	～なくても いい
102	～なくても いいです
103	～た ほうが いい
104	～た ほうが いいです
105	～したら どう
106	～したら どうですか
107	～ないで
108	～ないで ください
109	～ないと いけない
110	～ないと いけません
111	～なければ ならない
112	～なければ なりません
113	～べきだ
114	～べきです
115	～ばあいでは ない
116	～ばあいでは ないです
117	～ては こまる
118	～ては こまります
119	だめだ
120	だめです
121	～ば よかった
122	～ば よかったです

~て いい ~해도 돼

허가나 양보를 나타낼 때 쓰는 표현으로 ~ても いい와 같지만, ~て いい는 오직 회화에서만 씁니다. 남성은 よ를, 여성은 わよ를 붙입니다. 말끝을 올리면 '~해도 돼?'라는 질문이 됩니다.

안심해도 돼.
安心して いい。

전기를 꺼도 돼.
電気を 消して いい。

한잔 해도 돼.
一杯飲んで いい。

누구라도 괜찮아.
誰でも いいわよ。

빌려도 돼?
借りても いい？

- 安心(あんしん)する 안심하다　電気(でんき) 전기　消(け)す 끄다
  借(か)りる 빌리다

~て いいです ~해도 돼요

~て いい의 정중형입니다. ~て いいです에 か를 붙이면 '~해도 돼요?'라는 의문형이 됩니다.

전화해도 됩니다.
電話して いいです。

쿠폰을 써도 돼요.
クーポンを 利用して いいです。

사인도 괜찮아요.
サインでも いいです。

역에서 멀어도 됩니다.
駅から 遠くても いいです。

아이들이 만져도 돼요.
子供が 触っても いいです。

- 利用(りよう)する 이용하다　触(さわ)る 만지다

~なくても いい ~지 않아도 돼

해도 되지만 안 해도 된다는 뉘앙스를 가진 표현입니다. 말끝을 올리면 질문이 됩니다.

완벽하지 않아도 돼.
完璧(かんぺき)じゃなくても いいよ。

그렇게 서두르지 않아도 돼.
そんなに 急(いそ)がなくても いいわよ。

마중 나가지 않아도 돼.
迎(むか)えに 行(い)かなくても いいよ。

연락하지 않아도 돼?
連絡(れんらく)を しなくても いい?

정장이 아니어도 괜찮았다.
正装(せいそう)じゃなくても よかった。

- 完璧(かんぺき) 완벽   急(いそ)ぐ 서두르다   迎(むか)え 마중   正装(せいそう) 정장

～なくても いいです
～지 않아도 됩니다

～なくても いい의 정중형입니다. 상대방을 편안하게 하는 표현이니 잘 기억해 두었다가 회화에 써먹어 보세요.

내일이 아니어도 괜찮습니다.
明日じゃなくても いいですよ。

그렇게 넓지 않아도 돼요.
そんなに 広くなくても いいですよ。

배웅하지 않아도 돼요.
見送らなくても いいですよ。

이메일을 보내지 않아도 됩니다.
メールを 送らなくても いいですよ。

준비를 안 해도 돼요?
準備を しなくても いいですか。

- 見送(みおく)る 배웅하다   準備(じゅんび) 준비

～た ほうが いい
～하는 게 좋다

선택할 대상이 몇 개가 있는 중에 하나를 들어 그것을 하면 어떻겠느냐고 권할 때 쓰는 표현입니다.

필사적으로 하는 게 좋을 거야.
必死(ひっし)に やった ほうが いいよ。

빨리 돌아가는 것이 좋아.
早(はや)く 帰(かえ)った ほうが いいよ。

병원에 가는 게 좋아.
病院(びょういん)に 行(い)った ほうが いいよ。

걷는 것보다 버스를 타는 편이 좋아.
歩(ある)くより バスに 乗(の)った ほうが いいよ。

우산을 가져왔어야 했어.
傘(かさ)を 持(も)って きた ほうが よかったね。

- 必死(ひっし)に 필사적으로   歩(ある)く 걷다   傘(かさ) 우산

~た ほうが いいです
~하는 게 좋습니다

~た ほうが いい의 정중형입니다.

바로 하는 것이 좋습니다.

すぐに した ほうが いいですよ。

계속해서 하는 것이 좋겠습니다.

続(つづ)けて やった ほうが いいです。

잠시 쉬는 편이 좋겠어요.

少(すこ)し 休(やす)んだ ほうが いいですよ。

슬슬 가는 것이 좋겠네요.

そろそろ 帰(かえ)った ほうが いいですね。

말하는 것이 좋았겠습니다.

言(い)った ほうが よかったです。

- 続(つづ)ける 계속하다　休(やす)む 쉬다　帰(かえ)る 돌아가다

~たら どう ~하는 게 어때?

상대에게 권하는 표현입니다. どう는 말끝을 올려서 질문으로 사용합니다.

결심하는 게 어때?
決心_{けっしん}したら どう?

밥 더 먹는 게 어때?
ご飯_{はん}を おかわりしたら どう?

이것을 선물하는 게 어때?
これを プレゼントしたら どう?

지금 만나러 가는 게 어때?
今_{いま} 会_あいに 行_いったら どう?

혼자 생각하는 게 어때?
一人_{ひとり}で 考_{かんが}えたら どう?

● 決心(けっしん) 결심   おかわり 같은 음식을 더 먹음

~たら どうですか
~하는 게 어때요?

~したら どう의 정중형입니다. 문법이 아니라 회화로 입에서 바로바로 튀어나올 수 있게 반복해서 익혀 주세요.

다시 생각하는 게 어떻습니까?

見直(みなお)し したら どうですか。

화해하는 게 어때요?

仲直(なかなお)りしたら どうですか。

그녀에게 전화하는 게 어떻습니까?

彼女(かのじょ)に 電話(でんわ)したら どうですか。

확실하게 말하는 게 어때요?

はっきり 言(い)ったら どうですか。

이제 그만두는 게 어때요?

もう やめたら どうですか。

- **見直(みなお)し** 다시 봄, 재검토 **仲直(なかなお)り** 화해 **やめる** 그만두다

～ないで ～하지 마

상대방이 하지 말아 주었으면 싶을 때 부탁하는 표현입니다. 여성의 경우 뒤에 ね를 붙여 말하기도 합니다.

지지 마.

負けないでね。

그렇게 화내지 마.

そんなに 怒らないで。

낭비하지 마.

むだづかいを しないで。

손을 놓지 말아.

手を 離さないで。

졸지 마.

居眠りを しないで。

- 怒(おこ)る 화내다   むだづかい 낭비

~ないで ください
~하지 마세요

~ないで 뒤에 ください를 붙여 부탁하듯이 주의를 주는 표현입니다.

보지 마세요.
見(み)ないで ください。

무리하지 마세요.
無理(むり)を しないでください。

저를 잊지 말아 주세요.
私(わたし)の こと 忘(わす)れないで ください。

부르지 마세요.
呼(よ)ばないで ください。

만지지 마세요.
触(さわ)らないで ください。

- 無理(むり)を する 무리를 하다   呼(よ)ぶ 부르다   触(さわ)る 손을 대다, 만지다

~ないと いけない
~하지 않으면 안 돼

'~하지 않으면 안 된다'는 즉, '~해야만 한다'라는 뜻이죠?

분발하지 않**으면 안 돼**.

がんばら**ないと いけない**。

정리해**야만 해**.

<ruby>片付<rt>かた づ</rt></ruby>け**ないと いけない**。

야근해**야만 해**.

<ruby>残業<rt>ざんぎょう</rt></ruby>し**ないと いけない**。

돈을 인출해**야만 해**.

お<ruby>金<rt>かね</rt></ruby>を <ruby>下<rt>お</rt></ruby>ろさ**ないと いけない**。

빨리 돌아가**야만 해**.

<ruby>早<rt>はや</rt></ruby>く <ruby>帰<rt>かえ</rt></ruby>ら**ないと いけない**。

- がんばる 분발하다   残業(ざんぎょう) 야근   金(かね)を下(お)ろす 돈을 인출하다

～ないと いけません
~하지 않으면 안 됩니다

~ないと いけない의 정중형입니다. '해야 합니다'라는 말을 완곡하게 돌려 말하는 지극히 일본적인 표현입니다.

정직하게 말하지 않으면 안 됩니다.
正直に 言わないと いけません。

노력하지 않으면 안 됩니다.
努力しないと いけません。

약속을 지키지 않으면 안 됩니다.
約束を 守らないと いけません。

밤을 새야만 합니다.
徹夜しないと いけません。

주의하지 않으면 안 돼요.
気を 付けないと いけません。

- 正直(しょうじき)に 정직하게 努力(どりょく) 노력 守(まも)る 지키다
  徹夜(てつや) 밤샘, 철야

~なければ ならない
~하지 않으면 안 된다

'~하지 않으면 안 된다', 즉 '~해야만 한다'는 뜻으로, 자신의 의지와 관계없이 법률, 도덕, 상식 등으로 볼 때 반드시 해야 하는 내용을 말할 때 쓰는 표현입니다.

약속을 지켜야 해.
約束を 守らなければ ならない。

출장 가지 않으면 안 돼.
出張しなければ ならない。

벌금은 내지 않으면 안 돼.
罰金は 払わなければ ならない。

빨리 일어나야만 했다.
早く 起きなければ ならなかった。

하지 않으면 안 돼.
やらなきゃ ならない。 ▶ ~なければは 흔히 ~なきゃ로 줄여 씁니다.

- 出張(しゅっちょう) 출장　罰金(ばっきん) 벌금　払(はら)う 지불하다
  起(お)きる 일어나다

~なければ なりません
~하지 않으면 안 됩니다

~なければ ならない의 정중형입니다. 실제 회화에서는 ~なければ いけません도 씁니다.

오늘 중으로 정하지 않으면 안 됩니다.
今日中(きょうじゅう)に 決(き)めなければ なりません。

돈을 내지 않으면 안 됩니다.
お金(かね)を 払(はら)わなければ なりません。

걸어서 가지 않으면 안 됩니다.
歩(ある)いて 行(い)かなければ なりません。

그녀에게 사과해야만 합니다.
彼女(かのじょ)に 謝(あやま)らなければ なりません。

일을 하지 않으면 안 됩니까?
仕事(しごと)を しなければ なりませんか。

- 今日中(きょうじゅう) 오늘 중 払(はら)う 내다, 지급하다 謝(あやま)る 사과하다

Chapter 06 허가/충고/만류/후회의 일본어 패턴

~べきだ ~해야 한다

상식적·도덕적으로 당연한 것을 상대에게 전하는 표현입니다. 동사 기본형에 연결되나, ~する로 끝나는 동사에 붙을 때는 ~すべき와 ~するべき의 두 가지 형태로 쓸 수 있습니다.

잘못했으면 사과해야 한다.
悪(わる)かったら 謝(あやま)るべきだ。

꼭 가야 한다.
絶対(ぜったい)に 行(い)くべきだ。

규칙은 지켜야 한다.
規則(きそく)は 守(まも)るべきだ。

마셔 봐야 한다.
飲(の)んで みるべきだ。

확실히 교육해야 한다.
しっかり 教育(きょういく)すべきだ。

- 悪(わる)い 나쁘다, 잘못하다　絶対(ぜったい)に 절대로　規則(きそく) 규칙
  教育(きょういく)する 교육하다

～べきです ～해야 합니다

～べきだ의 정중형입니다. 약간 강한 뉘앙스를 풍기기도 합니다.

해 봐야 합니다.

やって みるべきです。

싫다면 거절해야 합니다.

嫌(いや)なら 断(ことわ)るべきです。

확실하게 말해야 해요.

はっきり 言(ゆ)うべきです。

그녀를 뽑아야 합니다.

彼女(かのじょ)を 選(えら)ぶべきです。

이것은 가르쳐야 합니다.

これは 教(おし)えるべきです。

- 嫌(いや)だ 싫다   選(えら)ぶ 고르다, 뽑다

～ばあいでは ない
～때가 아니다

긴급한 상황을 상기시켜 줄 때 쓰는 표현입니다. 회화에서는 では를 じゃ로 줄인 ～ばあいじゃない를 써야 자연스럽습니다.

웃고 있을 **때가 아니다**.
笑(わら)って いる **ばあいでは ない**。

울고 있을 **때가 아니야**.
泣(な)いてる **ばあいじゃない**。

멍하게 있을 **때가 아니야**.
ぼーと して いる **ばあいじゃない**。

풀 죽어 있을 **때가 아니야**.
落(お)**ち込**(こ)**んでる ばあいじゃない**。

혼자 생각하고 있을 **때가 아니었다**.
一人(ひとり)で **考**(かんが)えて いる **ばあいじゃなかった**。

- 笑(わら)う 웃다   泣(な)く 울다   ぼーとする 멍하다
  落(お)ち込(こ)む 빠지다, 침체되다

~ばあいでは ないです
~때가 아닙니다

~ばあいでは ない의 정중형으로, ~ばあいでは ありません도 마찬가지 표현입니다.

자고 있을 때가 아닙니다.

寝て いる ばあいでは ないです。

빈둥거릴 때가 아닙니다.

ごろごろして いる ばあいでは ありません。

회사를 고르고 있을 때가 아닙니다.

会社を 選んでる ばあいじゃないです。

그냥 보고 있을 때가 아닙니다.

ただ 見て いる ばあいじゃないです。

폼 잡고 있을 때가 아닙니다.

格好つけている ばあいじゃないです。

- 寝(ね)る 자다   ただ 그냥, 그저   格好(かっこう)つける 폼을 잡다, 모양을 부리다

~ては こまる ~해서는 곤란하다

어떤 일 때문에 난처하다는 내용을 전할 때 씁니다. 누군가의 행동에 영향을 받아 결과적으로 곤란해진다는 수동적인 표현입니다.

잊어버리면 **곤란해**.

忘れては こまる。

가볍게 보면 **곤란해**.

軽く 見ては こまるよ。

이 이상 살찌면 **곤란해**.

これ 以上 太っては こまる。

인터넷이 안 되면 **곤란해**.

インターネットが できなくては こまる。

더럽혀지면 **곤란해**.

よごされては こまる。

- 以上(いじょう) 이상　太(ふと)る 살찌다　よごされる 더럽혀지다

~ては こまります
~해서는 곤란합니다

~ては こまる의 정중형입니다. 곤란하게 만든 당사자에게 직접 말하지 않는 게 좋지만, 부득이한 경우에는 주의해야 합니다.

키가 자라지 않으면 곤란합니다.

背が 伸びなくては こまります。

과음을 하면 곤란합니다.

お酒を 飲みすぎては こまります。

기대면 난처합니다.

頼られては こまります。

낙서를 해 놓으면 난처합니다.

らくがきを されては こまります。

망가뜨리면 곤란합니다.

壊されては こまります。

- 背(せ)が 伸(の)びる 키가 자라다   頼(たよ)られる (다른 이가 나에게) 기대다
  壊(こわ)される 망가지다

だめだ 안 된다

금지의 표현으로, 회화에서는 だ를 빼고 だめ라고 합니다. 강조할 때는 だめだめ 식으로 두 번, 세 번 반복하기도 합니다.

과음은 안 된다.
飲みすぎは だめだ。

거짓말을 하면 안 돼.
嘘を つくのは だめだ。

바람을 피워서는 안 된다.
浮気を しては だめだ。

이제 안 돼 안 돼.
もう だめ だめ。

시험은 망쳤다.
試験は だめだった。

- 嘘(うそ)を つく 거짓말을 하다　浮気(うわき) 바람, 바람기　試験(しけん) 시험

だめです 안 됩니다

だめだ의 정중형입니다. 상대방에게 말할 때는 비교적 강한 부정이므로, 뒤에 안 된다고 하는 이유 등을 덧붙여 주면 좋습니다.

전혀 안 됩니다.

全(まった)く だめです。

무엇을 해도 안 됩니다.

何(なに)を やっても だめです。

이런 곳에서 자면 안 돼요.

こんな ところで 寝(ね)ちゃ だめです。

러프한 복장(너무 편하게 입은 복장)은 안 됩니다.

ラフな 服(ふく)は だめです。

시험은 망쳤어요.

テストは だめでした。

- **全(まった)く** 전혀; 완전히, 아주   **ラフだ** 조잡하다, 거칠고 난폭하다

~ば よかった ~할 걸 그랬다

'~했으면 좋았을걸'이라는 과거에 하지 못한 일에 대한 후회를 나타낼 때 쓰는 표현입니다.

비행기에 탔으면 좋았을 텐데.
飛行機に 乗れば よかった。

청소해 둘 걸 그랬다.
掃除して おけば よかった。

우산을 들고 왔으면 좋았을걸.
傘を 持って くれば よかった。

연습해 둘 걸 그랬다.
練習して おけば よかった。

이런 거라면 들어 둘 걸 그랬다.
こんな ことなら 聞いて おけば よかった。

- 飛行機(ひこうき) 비행기   掃除(そうじ) 청소   傘(かさ) 우산

~ば よかったです
~할 걸 그랬습니다

~ば よかった의 정중형입니다. 자신이 후회하는 것을 내용으로 몇 가지 예문을 스스로 만들어 익히셔도 좋겠죠?

뷔페로 할 걸 그랬습니다.

バイキングに すれば よかったです。

보험에 들어 둘 걸 그랬습니다.

保険に 入って おけば よかったです。

잘 들어 둘 걸 그랬습니다.

よく 聞いて おけば よかったです。

좀 더 빨리 갈 걸 그랬습니다.

もっと 早く 行けば よかったです。

숙제해 둘 걸 그랬습니다.

宿題しとけば よかったです。

- 保険(ほけん) 보험   宿題(しゅくだい) 숙제
- ~とく ~해 두다(~て おく의 축약형. 예: 読んどく 읽어 두다)

대박을 보장하는 복습시간

대박패턴 099~122

★ 1초 만에 바로 뜻이 이해가 가는지 한번 해 보자!

01 借りても いい？

02 そんなに 急がなくても いいわよ。

03 見送らなくても いいですよ。

04 少し 休んだ ほうが いいですよ。

05 そんなに 怒らないで。

06 触らないで ください。

07 正直に 言わないと いけません。

08 悪かったら 謝るべきだ。

09 軽く 見ては こまるよ。

10 こんな ところで 寝ちゃ だめです。

11 傘を 持って くれば よかった。

12 もっと 早く 行けば よかったです。

★ 바로 일본어로 말할 수 있는지 한번 해 보자.

01 빌려도 돼?

02 그렇게 서두르지 않아도 돼.

03 배웅하지 않아도 돼요.

04 잠시 쉬는 편이 좋겠어요.

05 그렇게 화내지 마.

06 만지지 마세요.

07 정직하게 말하지 않으면 안 됩니다.

08 잘못했으면 사과해야 한다.

09 가볍게 보면 곤란해.

10 이런 곳에서 자면 안 돼요.

11 우산을 들고 왔으면 좋았을걸.

12 좀 더 빨리 갈 걸 그랬습니다.

-ない로 끝나는
일본어 패턴

123	あまり ～ない
124	あまり ～ないです
125	もうしわけない
126	もうしわけないです
127	～しか ない
128	～しか ないです
129	～ても かまわない
130	～ても かまわないです
131	～に ちがいない
132	～に ちがいないです
133	～はずが ない
134	～はずが ないです
135	わけが ない
136	わけが ないです
137	～ては いられない
138	～ては いられないです

あまり ～ない 별로 ~하지 않다

양 또는 질적으로 많지 않다는 표현입니다. 의미상 '전혀 하지 않다'의 뜻은 아니므로 주의하시기 바랍니다. あまり를 あんまり로 말해도 좋습니다.

그녀는 **별로** 애교가 **없다**.

彼女(かのじょ)は あまり あいきょうが ない。

의욕이 **별로 없다**.

あまり やる気(き)が ない。

운전은 **별로 안 한다**.

車(くるま)の 運転(うんてん)は あまり しない。

별로 기억하고 있**지 않아**.

あんまり 覚(おぼ)えて いない。

그다지 좋아하**지 않아**.

あんまり 好(す)きじゃない。

● やる気(き) 할 마음, 하고 싶은 기분   車(くるま) 차   運転(うんてん) 운전

あまり ～ないです

별로 ～하지 않습니다

あまり～ない의 정중형으로, あまり ～ありません도 마찬가지 뜻입니다. 실제 회화에서는 ないです를 ないんです로 말하면 자연스럽습니다.

책을 별로 읽지 않습니다.

あまり 本を 読まないです。

그는 센스가 별로 좋지 않습니다.

彼は あまり センスが よく ないです。

저 상품은 그다지 비싸지 않습니다.

あの 商品は あまり 高く ありません。

단 것은 별로 안 먹습니다.

あまり 甘い ものは 食べません。

낮잠은 거의 자지 않습니다.

昼寝は あまり しません。

● 商品(しょうひん) 상품　甘(あま)い 달다　昼寝(ひるね) 낮잠

もうしわけない
미안하다, 죄송하다

남성적인 표현이며, 여성은 です를 붙입니다.

정말로 미안해.
本当に もうしわけない。

너에게는 미안하다.
君には もうしわけない。

폐를 끼쳐 미안해.
迷惑を かけて もうしわけない。

기대에 부응하지 못해 미안하다.
期待に 答えられなくて もうしわけない。

그때는 미안했다.
あの 時は もうしわけなかった。

- 本当(ほんとう)に 정말로　迷惑(めいわく)を かける 폐를 끼치다　期待(きたい) 기대
  答(こた)えられる 답할 수 있다

もうしわけないです
죄송합니다

もうしわけない의 정중형입니다. 실제 회화에서는 もうしわけありません이라고 하는 것이 자연스럽습니다.

그녀에게는 **죄송합니다**.

彼女(かのじょ)には もうしわけないです。

참으로 **죄송스럽습니다**.

まことに もうしわけありません。

실수를 하고 말아서 **죄송합니다**.

ミスを して しまって もうしわけありません。

도움이 되지 못해서 **죄송했습니다**.

お役(やく)に 立(た)てなくて もうしわけなかったです。

정말 **죄송했습니다**.

大変(たいへん) もうしわけありませんでした。

- まことに 실로, 정말로, 참으로   役(やく)に 立(た)つ 도움이 되다
  大変(たいへん) 대단히, 매우

Chapter 07 -ない로 끝나는 일본어 패턴

~しか ない ~밖에 없다

자신의 판단으로는 적다는 느낌이므로, 조금 부정적으로 들립니다.

지갑에 1000엔밖에 없다.

財布に 1000円しか ない。

싸구려밖에 없다.

安物しか ない。

책상 위에는 종이밖에 없다.

机の 上には 紙しか ない。

그만둘 수밖에 없다.

やめるしか ない。

늦어서 택시를 탈 수밖에 없었다.

遅れたので タクシーに 乗るしか なかった。

- 安物(やすもの) 싸구려 물건   紙(かみ) 종이

~しか ないです ~밖에 없습니다

~しか ない의 정중형으로, ~しか ありません이라고 해도 됩니다. 실제 회화에서는 しか ないです를 しか ないんです로 말하면 자연스럽게 들립니다.

편의점밖에 없습니다.

コンビニしか ないです。

수수한 옷밖에 없습니다.

地味(じみ)な 服(ふく)しか ありません。

서랍 속에는 펜밖에 없습니다.

引(ひ)き出(だ)しの 中(なか)には ペンしか ありません。

할 수밖에 없습니다.

やるしか ないんです。

도망칠 수밖에 없었습니다.

逃(に)げるしか ありませんでした。

- 地味(じみ)だ 수수하다   引(ひ)き出(だ)し 서랍   逃(に)げる 도망치다

～ても かまわない
~해도 상관 없다

'~해도 괜찮다'는 뜻으로, 허가나 양보를 나타냅니다.

술은 차가워도 상관 없다.

酒は 冷（ひや）でも かまわない。

어떤 일이든 상관 없었다.

どんな 仕事（しごと）でも かまわなかった。

다소 비싸더라도 상관 없다.

少々（しょうしょう） 高（たか）くても かまわない。

만져도 상관 없다.

触（さわ）っても かまわない。

야단을 맞아도 상관 없다.

おこられても かまわない。

- 冷(ひや) 차가운 술, 찬물   触(さわ)る 만지다   おこられる 야단 맞다

～ても かまわないです
～해도 상관 없습니다

～ても かまわない의 정중형으로, ～ても かまいません도 마찬가지 표현입니다.

백포도주라도 상관 없습니다.
白ワインでも かまわないです。

어떤 스타일이든 상관 없었습니다.
どんな スタイルでも かまいませんでした。

멀어도 상관 없습니다.
遠くても かまいません。

손으로 집어도 상관 없습니다.
手で とっても かまいません。

혼이 나도 괜찮습니다.
しかられても かまいません。

- しかられる 혼이 나다

～に ちがいない ～임에 틀림없다

대답에 확신을 가지고 상대방에게 그것을 전달할 때 씁니다. ちがいない는 '다르다', '틀리다'란 뜻의 동사 ちがう의 부정형입니다.

가짜가 틀림없다.

にせものに ちがいない。

그는 마더 콤플렉스(마마보이)가 틀림없다.

彼は マザコンに ちがいない。

이 차는 그의 것이 틀림없다.

この 車は 彼のに ちがいない。

집에 있는 게 틀림없다.

家に いるに ちがいない。

불륜을 한 것이 틀림없다.

不倫を したに ちがいない。

- **マザコン** 마더 콤플렉스 (マザコンプレックス의 준말)　　**不倫(ふりん)** 불륜

~に ちがいないです

~임에 틀림없습니다

~に ちがいない의 정중형입니다. ~に ちがいありません도 마찬가지 표현인 거 이제 아시겠죠?

진짜가 틀림없습니다.
本物(ほんもの)に ちがいないです。

그녀는 파더 콤플렉스(파파걸)가 틀림없습니다.
彼女(かのじょ)は ファザコンに ちがいないです。

그 내용은 진실임에 틀림없습니다.
その 内容(ないよう)は 真実(しんじつ)に ちがいないです。

고민하고 있는 게 틀림없습니다.
悩(なや)んで いるに ちがいないです。

길을 잃은 게 틀림없습니다.
道(みち)に 迷(まよ)ったに ちがいないです。

● 本物(ほんもの) 진짜   マザコン 파더 콤플렉스 (ファザコンプレックス의 준말)
   道(みち)に 迷(まよ)う 길을 잃다, 길을 헤매다

~はずが ない ~할 리가 없다

자기가 믿는 사항에 대해 '절대 그렇지 않다', '그렇게 생각하지 않는다'의 뜻으로 쓰는 표현입니다. 남성은 よ, 여성은 わ를 붙입니다.

이혼할 리가 없다.
離婚する はずが ない。

그가 거짓말을 할 리가 없다.
彼が うそを つく はずが ない。

그런 실패를 할 리가 없다.
そんな 失敗を する はずが ない。

시험에 떨어질 리가 없다.
試験に 落ちる はずが ない。

길을 헤맬 리가 없다.
道に 迷う はずが ない。

- 離婚(りこん) 이혼 落(お)ちる 떨어지다
  道(みち)に 迷(まよ)う 길을 헤매다, 길을 잃다

~はずが ないです
~할 리가 없습니다

~はずが ない의 정중형으로, ~はずが ありません으로 바꿔쓸 수 있습니다. 말하는 사람의 확신이 강한 표현이므로 주의하세요.

결혼 못할 리가 없습니다.

結婚できないはずが ないです。

그녀가 속을 리가 없습니다.

彼女が だまされるはずが ないです。

이렇게 일찍 일어날 리가 없습니다.

こんなに 早く 起きるはずが ありません。

성공하지 않을 리가 없어요.

成功しない はずが ありません。

혼자서 갈 수 있을 리가 없었어요.

一人で 行けるはずが なかったです。

- 結婚(けっこん) 결혼　だまされる 속다　行(い)ける 갈 수 있다

～わけが ない ~할 리가 없다

자신의 짐작이나 판단으로 그럴 가능성이 없다고 생각할 때 쓰는 표현입니다. 실제 회화에서는 わけ 부분을 강조하면 더욱 자연스러운 발음이 됩니다.

승낙할 리가 없다.
承知(しょうち)する わけが ない。

볼 리가 없다.
見(み)る わけが ない。

먼저 갈 리가 없다.
先(さき)に 行(い)く わけが ない。

그의 누나가 이렇게 아름다울 리가 없다.
彼(かれ)の 姉(あね)が こんなに きれいな わけが ない。

시간에 댈 리가 없었다.
間(ま)に 合(あ)う わけが なかった。

- 承知(しょうち)する 승낙하다　間(ま)に 合(あ)う 시간에 맞게 대다

～わけが ないです
~할 리가 없습니다

わけが ない의 정중형으로, わけが ありません도 마찬가지 표현입니다.

인기 있을 리가 없습니다.

もてる わけが ないです。

쉽게 믿을 리가 없습니다.

簡単(かんたん)に 信(しん)じる わけが ありません。

거짓말을 할 리가 없습니다.

うそを つく わけが ありません。

그가 그런 일을 할 리 없습니다.

彼(かれ)が そんな ことを する わけが ないです。

병에 걸릴 리가 없었습니다.

病気(びょうき)になる わけが ありませんでした。

- もてる 인기가 있다   簡単(かんたん)に 쉽게   信(しん)じる 믿다

~ては いられない
~하고 있을 수는 없다

어떤 이유로 인해서 지금의 상태를 유지할 수 없다는 것을 나타내는 표현입니다. 회화에서는 호소하는 뜻으로 씁니다.

백수인 채로 있을 수는 없다.

フリーターの ままじゃ いられない。

가만히 있을 수는 없어.

じっとしては いられない。

아파서 눈을 뜨고 있을 수가 없어.

痛くて 目を 開けては いられない。

그런 말을 듣고 있을 수는 없어.

そんな 話を 聞いては いられない。

무거워서 들고 있을 수는 없었다.

重くて 持っては いられなかった。

- フリーター 아르바이트로 생활을 유지하는 사람   じっとする 가만히 있다
  目(め)を 開(あ)ける 눈을 뜨다

~ては いられないです
~하고 있을 수는 없습니다

~ては いられない의 정중형으로, ~ては いられません으로 바꿔 쓸 수 있습니다.

신경 쓰여서 자고 있을 수가 없습니다.

気に なって 寝ては いられないです。

이렇게 되면, 가만히 있을 수는 없습니다.

こう なれば、だまっては いられません。

이대로 있을 수는 없어요.

この ままじゃ いられません。

이 이상 기다릴 수는 없어요.

これ 以上 待っては いられないです。

피곤해서 서 있을 수가 없었어요.

疲れて 立っては いられませんでした。

- 気(き)に なる 신경 쓰이다, 궁금하다 だまる 입을 다물다 疲(つか)れる 피곤하다

대박패턴 123~138 대박을 보장하는 복습시간

★ 1초 만에 바로 뜻이 이해가 가는지 한번 해 보자!

01 あんまり 好きじゃない。

02 あまり 甘い ものは 食べません。

03 まことに もうしわけありません。

04 財布に 1000円しか ない。

05 逃げるしか ありませんでした。

06 少々 高くても かまわない。

07 遠くても かまいません。

08 にせものに ちがいない。

09 本物に ちがいないです。

10 彼が うそを つくはずが ない。

11 じっとしては いられない。

12 この ままじゃ いられません。

★ 바로 일본어로 말할 수 있는지 한번 해 보자.

01   그다지 좋아하지 않아.

02   단 것은 별로 안 먹습니다.

03   참으로 죄송스럽습니다.

04   지갑에 1000엔밖에 없다.

05   도망칠 수밖에 없었습니다.

06   다소 비싸더라도 상관 없다.

07   멀어도 상관 없습니다.

08   가짜가 틀림없다.

09   진짜가 틀림없습니다.

10   그가 거짓말을 할 리가 없다.

11   가만히 있을 수는 없어.

12   이대로 있을 수는 없어요.

Part 2.

한국인이 늘 헷갈리는 일본어 패턴

한국어와 어순이 같아 생각나는 대로 말하면 되는 일본어는 그 하나만으로도 한국인에게 참 매력적인 언어가 아닐까 합니다. 그런데 많은 학습자분들이 '일본어는 배우면 배울수록 어렵다'는 말도 자주 합니다. 도대체 그 이유는 무엇일까요? 바로 두 언어가 너무 비슷하다 보니 모든 일본어를 한국어식으로 생각해 버리는 탓이 아닌지요? Part2에서는 한국인들이 가장 헷갈려하는 일본어 표현들을 좌우로 비교하며 학습할 수 있도록 했습니다. 여기에 모아놓은 표현들만 제대로 마스터하면, 일본어가 모국어처럼 편안해지는 날이 반드시 옵니다. 여러분, 화이팅!(みなさん、ファイト!)

한국인이 늘 헷갈리는
실수유발패턴

139	～おかげで
140	～せいで
141	なんで
142	どうして
143	～という
144	～って
145	～とき
146	～たび
147	～ながら
148	～がてら
149	～てから
150	～たあと
151	～たり
152	～とか
153	～たら
154	～なくちゃ
155	～から～まで
156	～までに
157	～に なる
158	～く なる
159	～に する
160	～ことに する
161	～て しょうが ない
162	～て たまらない
163	～よう
164	～ように

～おかげで ～덕분에

おかげでは 상대의 행동이 자신에게 도움이 되었을 때 사용하며 감사의 마음을 담고 있습니다. 앞에 명사가 올 경우 の로 연결합니다.

안전벨트 덕분에 살았다.

シートベルトの おかげで 助(たす)かった。

지도 덕분에 헤매지 않았다.

地図(ちず)の おかげで 迷(まよ)わなかった。

비가 내린 덕분에 공기가 깨끗해.

雨(あめ)が 降(ふ)った おかげで、空気(くうき)が きれい。

선생님 덕분에 잘하게 되었다.

先生(せんせい)の おかげで 上手(じょうず)に なった。

네 덕분이야.

君(きみ)の おかげだ。

- 迷(まよ)う 헤매다 上手(じょうず)に なる 잘하게 되다

~せいで ~탓에

せいで는 원인, 이유를 강조한 표현입니다. 살짝 원망이 섞인 뉘앙스로 부정적인 내용에 씁니다. 마찬가지로 앞에 명사가 올 경우 の로 연결합니다.

방향치인 **탓에** 헤매고 말았다.
方向音痴の せいで 迷っちゃった。

사투리 **때문에** 놀림당했다.
なまりの せいで からかわれた。

에어컨 **때문에** 냉방병에 걸렸다.
エアコンの せいで クーラー病にかかった。

병나발을 분 **탓에** 취해 버렸다.
ラッパ飲みした せいで よっぱらっちゃった。

거짓말을 한 **탓입니다**.
うそを ついた せいです。

- **方向音痴**(ほうこうおんち) 방향치　**なまり** 사투리　**クーラー病**(びょう) 냉방병
  ラッパ飲(の)**み** 병째 마심, 병나발을 붊　**よっぱらう** 취하다

なんで 왜, 어째서, 어떻게

なんで에는 どうして와 같이 '이유'를 묻는 용법과 どうやって와 같이 '수단'을 묻는 용법이 있습니다.

왜 이렇게 힘들지?

なんで こんなに 大変なの。

왜 아무것도 말해 주지 않았어?

なんで 何も 言って くれなかったの？

왜 아무도 안 오는 걸까?

なんで 誰も 来ないんだろう。

왜 그렇게까지 살찐 거야?

なんで そこまで 太ったの？

약속 장소까지 어떻게 가지?

待ち合わせ 場所まで なんで 行くの？

- 大変(たいへん)だ 힘들다, 고생스럽다   誰(だれ) 누구   太(ふと)る 살찌다
  待(ま)ち合(あ)わせ 기다림   場所(ばしょ) 장소

どうして 왜, 어째서

どうして는 어떤 것의 '이유'를 물을 때 씁니다. 요즘은 どして라고 줄여 말하는 사람도 있습니다.

왜 그런 거죠?

どうしてですか。

왜 욕을 합니까?

どうして 悪口を 言うのですか。

왜 모르는 거죠?

どうして わからないのですか。

어째서 가슴이 두근두근하지?

どうして 胸が どきどきするの。

왜 이렇게 슬프지?

どうして こんなに 悲しいの?

- 悪口(わるぐち) 욕, 험담   胸(むね) 가슴   どきどき 두근두근   悲(かな)しい 슬프다

～という ~라는, ~라고 하는

'~라는, ~라고 하는, ~에 달하는' 등의 뜻으로, 단어의 뜻을 설명할 때 자주 쓰입니다. 뒤에 と가 하나 더 붙은 ～というと(~라고 하면)의 표현도 자주 씁니다.

당신이라는 인간은 믿을 수 없다.

あなたという 人間は 信じられない。

한국이라고 하면 김치지.

韓国というと キムチだね。

그도 온다는 정보가 들어왔다.

彼も 来るという 情報が 入って きた。

몇 만이라는 사람이 살고 있습니다.

何万という 人が 住んで います。

롯데월드라는 것은 유원지입니까?

ロッテワールドというのは 遊園地ですか。

- 人間(にんげん) 인간　信(しん)じる 믿다　情報(じょうほう) 정보
  何万(なんまん) 몇 만　住(す)む 살다

~って ~은, ~라는, ~라고, ~래

~は(~은), ~という(~라고 하는), ~と(~라고)의 회화체입니다. ~って는 일상생활에서 빈번하게 씁니다.

일본어는 까다롭다.
日本語って ややこしい。

서울역은 여기서 멉니까?
ソウル駅って ここから 遠いですか。

어머니의 손맛이란 느낌이다.
おふくろの 味って 感じ。

'여보세요'라고 말해도 대답이 없다.
「もしもし」って 言っても 返事が ない。

그녀는 이미 알고 있대.
彼女、もう 知ってるって。

- ややこしい 복잡하다, 까다롭다   おふくろ 어머니   味(あじ) 맛

Chapter 08 한국인이 늘 헷갈리는 실수유발패턴   195

～とき ~때

영어의 when에 해당하는 표현으로, '때', '시기'를 나타냅니다. 앞에 명사가 올 경우는 ～のとき의 형태로 쓰입니다.

괴로울 때는 말해.

苦しい ときには 言ってね。

운동할 때 운동화를 신는다.

運動の とき スニーカーを はく。

텔레비젼을 볼 때는 떨어져서 봅시다.

テレビを 見る ときは 離れて 見ましょう。

일어섰을 때 현기증이 났다.

立ち上がった ときに めまいが した。

울고 싶을 때는 울면 돼.

泣きたい ときは 泣いたら いい。

- 苦(くる)しい 괴롭다   離(はな)れる 떨어지다   立(た)ち上(あ)がる 일어서다
  めまいが する 현기증이 나다

~たび ~때마다

たび에는 '~할 때마다'라는 뜻과 '~때'라는 두 가지 뜻이 있습니다. 여행을 뜻하는 旅와 발음이 같으므로 혼동하지 않도록 주의합시다.

볼 **때마다** 떠올린다.
見る たびに 思い出す。

만날 **때마다** 예뻐진다.
会う たびに きれいに なって いく。

공부할 **때마다** 알게 된다.
勉強する たびに わかってくる。

계절**마다** 풍경이 바뀌네.
季節の たびに 景色が 変わるね。

이**번**에는 대단히 신세를 졌습니다.
この たびは 大変 お世話に なりました。

- 思(おも)い出(だ)す 생각나다, 상기하다　　季節(きせつ) 계절　　景色(けしき) 경치, 풍경
  変(か)わる 바뀌다, 변하다

Chapter 08 한국인이 늘 헷갈리는 실수유발패턴

~ながら ~면서

동시에 두 가지 동작을 할 때 쓰는데, 주 동작은 뒤의 동작이고, 앞의 동작은 부차적인 동작입니다.

자면서 생각했습니다.
寝ながら 考えました。

음악을 들으며 통근한다.
音楽を 聞きながら 通勤する。

불평하면서 돕고 있다.
文句を 言いながら 手伝って いる。

식사하면서 얘기하죠.
食事を しながら 話しましょう。

전자사전을 찾으면서 공부합니다.
電子辞書を ひきながら 勉強します。

- 通勤(つうきん) 통근　文句(もんく)を 言(い)う 불평을 하다
  手伝(てつだ)う 돕다, 거들다　食事(しょくじ) 식사　辞書(じしょ)を ひく 사전을 찾다

～がてら ～하는 김에, ～을 겸하여

어떤 행동을 할 때 그것과 겸해서 다른 행동도 한다는 뜻으로, 앞의 동작이 주 동작이고 뒤의 동작이 부가적인 동작이 됩니다. 명사와 동사 ます형에만 붙습니다.

산책을 겸해 편의점에 다녀왔다.

散歩がてら コンビニに 行って きた。

드라이브를 겸해 단풍을 보러 갔다.

ドライブがてら 紅葉を 見に 行った。

놀이를 겸해 눈을 치웠어요.

遊びがてら 雪かきを しました。

교토에 간 김에 니조성에 들렀다.

京都に 行きがてら 二条城に 寄った。

브런치를 겸해서 외출했다.

ブランチがてら 出かけた。

- 散歩(さんぽ) 산책   紅葉(こうよう) 단풍   雪(ゆき)かき 눈을 치움
  出(で)かける 외출하다

Chapter 08 한국인이 늘 헷갈리는 실수유발패턴   199

대박패턴 149

~てから ~하고 나서

두 개의 행동의 순서를 설명한 표현입니다. 뒤에 오는 내용이 필연적 내용이면 ~てから는 쓸 수 없으므로 주의해야 합니다.

생각하고 나서 대답하겠습니다.
考えてから 答えます。

목욕을 하고 나서 맥주를 마십니다.
お風呂に 入ってから ビールを 飲みます。

집에 돌아가고 나서 쉽니다.
家に 帰ってから 休みます。

친구랑 만난 다음 영화를 봅니다.
友達と 会ってから 映画を 観ます。

공항에 도착하고 나서 전화를 했습니다.
空港に 着いてから 電話を しました。

● 答(こた)える 대답하다　風呂(ふろ)に 入(はい)る 목욕하다　空港(くうこう) 공항
着(つ)く 도착하다

〜たあと ~한 뒤

〜てから와 뜻은 비슷하지만 〜たあと는 뒤에 오는 행동을 더욱 강조하는 표현입니다. 명사는 〜のあと를 씁니다.

화장한 뒤 외출합니다.
化粧を したあと 出かけます。

본 뒤에 결정하고 싶어.
見たあと 決めたい。

지하철을 탄 후에 버스로 갈아탑니다.
地下鉄に 乗ったあと バスに 乗り換えます。

맥주를 마신 뒤에 식사를 합니다.
ビールを 飲んだあと 食事を とります。

메일을 보낸 뒤 전화를 걸었습니다.
メールを したあと 電話を かけました。

- 決(き)める 결정하다, 정하다   乗(の)り換(か)える 갈아타다

～たり ~거나

복수의 행동을 순서와 관계없이 말할 때 씁니다. 한국어로 옮길 때의 다양한 표현 변화는 아래를 참고하세요.

비가 오다 말다 불쾌한 날씨군.

雨が 降ったり やんだり 嫌な 天気だな。

전기가 들어왔다 꺼졌다 하고 있다.

電気が ついたり 消えたりしている。

보거나 듣거나 했던 것을 얘기해 봐.

見たり 聞いたりした ことを 話してね。

일기를 쓰다 말다 한다.

日記を 書いたり 書かなかったりする。

갑자기 말 걸거나 하지 말아 주세요.

突然 声を かけたりしないで ください。

- やむ 멎다, 그치다　嫌(いや)だ 싫다, 불쾌하다　消(き)える 꺼지다
  突然(とつぜん) 갑자기　声(こえ)を かける 말을 걸다

~とか ~라든가, ~든지, ~거니

반드시 같은 조건에서 두 개 이상의 내용을 말할 때 씁니다. 두 개뿐 아니라 그 이상을 이어서 말해도 됩니다.

지위라든가 명예 같은 건 필요 없어.

地位とか 名誉とかは 要らない。

비타민이라든지 먹고 있습니까?

ビタミンとか 飲んで いますか。

▶ 일본어에서 약을 '먹다'는 食べる가 아니라 飲む를 씁니다.

간다거니 안 간다거니 하며 소란을 떨고 있다.

行くとか 行かないとかって 騒いで いる。

야마구치라든가 하는 남자는 대단한 녀석이야.

山口とか いう 男は すごい やつだよ。

이름 같은 것을 써 주세요.

名前とかを 書いて ください。

- 地位(ちい) 지위   名誉(めいよ) 명예   要(い)る 필요하다

～たら ～라면, ~하면

～たら는 가정형 표현입니다. 접속하는 동사의 변화에 주의하세요.

다 먹었**으면** 가자.
食べ終わっ**たら** 行こう。

시간 있**으면** 와.
時間が あっ**たら** 来てよ。

열심히 하**면** 될 거에요.
一生懸命 やっ**たら** できるわ。

읽었**으면** 빌려 주세요.
読ん**だら** 貸して ください。

몸이 아프**면** 이야기하세요.
具合が 悪くなっ**たら** 言って ください。

- 一生懸命(いっしょうけんめい) 열심임　　貸(か)す 빌려주다
  具合(ぐあい)が 悪(わる)い 몸이 아프다

～なくちゃ ～지 않으면

～なくては의 회화체로, 말끝에 오면 자신의 의견이나 결의를 나타냅니다.

힘내야지.

がんばらなくちゃ。

하지 말아야지.

やめなくちゃ。

전화해야지.

電話しなくちゃ。

약 먹어야지.

薬 飲まなくちゃ。

회사에 가야지.

会社に 行かなくちゃ。

- がんばる 노력하다　やめる 그만두다

~から ~まで <small>~에서 ~까지</small>

시간이나 장소, 수량을 나타내는 명사 등과 함께 쓰여 범위를 나타냅니다.

여기**서** 역**까지** 얼마나 걸립니까?

ここ**から** 駅**まで** どのくらい かかりますか。

아이 교육**부터** 집안일**까지** 완벽하다.

子供の 教育**から** 家事**まで** 完ぺきだ。

아이**부터** 어른**까지** 즐길 수 있습니다.

子供**から** 大人**まで** 楽しめます。

1시**부터** 3시**까지** 시간이 있습니다.

1時**から** 3時**まで** 時間が あります。

구석구석 깨끗이 했습니다.

隅**から** 隅**まで** きれいに しました。

- 教育(きょういく) 교육　家事(かじ) 가사, 집안일　大人(おとな) 어른
  楽(たの)しめる 즐길 수 있다　隅(すみ) 구석

~までに ~까지

시간, 기간, 동작의 기한이나 마감을 나타냅니다.

내일까지 제출해 주세요.
明日までに 出して ください。

10시까지 돌아와.
10時までに 帰って きてね。

졸업(때)까지 학점을 따세요.
卒業までに 単位を とりなさい。

월말까지 돌려주세요.
月末までに 返して ください。

그 정도까지 안 해도 돼요.
それほどまでに しなくて いいよ。

- 出(だ)す 내다, 제출하다　卒業(そつぎょう) 졸업　単位(たんい) 학점
  月末(げつまつ) 월말　返(かえ)す 돌려주다

Chapter 08 한국인이 늘 헷갈리는 실수유발패턴　207

~に なる ~게 되다

'~게 되다, ~해지다'의 뜻으로, ~に なる 앞에는 명사 또는 だ를 뺀 な형용사 어간이 옵니다.

가수가 되다.
歌手に なる。

빈털터리가 되다.
すっからかんに なる。

한가해지다.
ひまに なる。

잘하게 되다.
上手に なる。

대소동이 되었다.
大さわぎに なった。

● すっからかん 텅텅 빔, 빈털터리임   大(おお)さわぎ 대소동, 큰 소동

~く なる ~게 되다

'~게 되다, ~지다'란 뜻으로, ~く なる 앞에는 い형용사가 옵니다. い를 빼고 くなる에 연결시키는 연습을 많이 해두세요. 입에서 자연스럽게 나오겠지요?

바빠**지다**.
忙しく なる。

노래를 잘하**게 되다**.
歌が うまく なる。

머리가 길어**지다**.
髪が 長く なる。

바람이 강해**졌다**.
風が 強く なった。

신이 작아**졌다**.
くつが 小さく なった。

- 忙(いそが)しい 바쁘다　長(なが)い 길다　くつ 신발, 구두　小(ちい)さい 작다

~に する ~로 하다

자신의 의사를 나타냅니다. 앞에는 명사가 오며, 실제 회화에서는 말끝에 よ, ね, から 등을 넣으면 자연스럽습니다.

간식은 빙수로 하다.

おやつは カキ氷に する。

점심은 빵으로 하다.

昼食は パンに する。

남을 바보 취급하지 않는다.

人を バカに しない。

선물은 봉제인형으로 했어.

プレゼントは ぬいぐるみに したよ。

점심은 파스타로 했다.

ランチは パスタに した。

- おやつ 간식　カキ氷(ごおり) 빙수　昼食(ちゅうしょく) 점심 식사
  ぬいぐるみ 봉제인형

~ことに する ~하기로 하다

결의, 결단을 뜻합니다. 실제 회화에서는 말끝에 よ, ね, から 등을 넣으면 자연스럽습니다.

대학은 포기하기로 하다.
大学は あきらめる ことに する。

피아노를 배우기로 하다.
ピアノを 習う ことに する。

오페라를 보기로 하다.
オペラを 見る ことに する。

그녀와 헤어지기로 하다.
彼女と 別れる ことに する。

아르바이트를 하기로 했어.
アルバイトを する ことに したよ。

● あきらめる 포기하다 習(なら)う 배우다 別(わか)れる 헤어지다

~て しょうが ない
~해서 어쩔 수가 없다

'~해서 어쩔 수가 없다, 못 견디게 ~하다'란 뜻으로, 감각이나 감정을 나타내는 말과 함께 쓰입니다.

졸려서 견딜 수가 없다.

眠(ねむ)たくて しょうが ない。

화장실에 가고 싶어서 견딜 수가 없다.

トイレに 行(い)きたくて しょうがない。

담배가 피우고 싶어서 어쩔 수가 없다.

タバコが 吸(す)いたくて しょうがない。

목이 말라 견딜 수가 없다.

のどが 渇(かわ)いて しょうが ない。

선생님이 되고 싶어서 견딜 수가 없었다.

先生(せんせい)に なりたくて しょうが なかった。

- 眠(ねむ)たい 졸립다   のど 목   渇(かわ)く 마르다

～て たまらない
～해서 견딜 수가 없다

～がまんが できない(참을 수가 없다)와 같은 뜻이며, 정말로 견딜 수 없다는 뜻이기보다는 감정이 고조되었음을 나타냅니다.

웃겨서 미치겠다.

おかしくて たまらない。

기뻐 견딜 수가 없다.

うれしくて たまらない。

더워서 못 견디겠다.

暑(あつ)くて たまらない。

무거워서 못 참겠어.

重(おも)くて たまらない。

승기 씨가 보고 싶어서 견딜 수가 없었다.

승기さんに 会(あ)いたくて たまらなかった。

- おかしい 우습다, 웃기다   うれしい 기쁘다   暑(あつ)い 덥다

～よう ～하자

～ようは 자신의 의지와 결의를 나타내거나 상대방에게 권유할 때 씁니다. 회화에서는 ～ようよ, ～ようね 라고도 합니다.

바로 관두자.

すぐ やめよう。

마지막까지 완수하자.

最後まで やりとげよう。

빨리 먹자.

早く 食べよう。

함께 시작하자.

一緒に はじめよう。

시간이 있으면 이야기를 하자.

時間が あれば 話を しよう。

- **最後**(さいご) 끝, 마지막   **やりとげる** 완수하다, 달성하다

~ように ~처럼, ~듯이

~ように는 상대방이 알기 쉽도록 비유나 예를 들어서 말할 때 자주 씁니다. ~みたいに도 비슷한 표현이지요.

오늘은 여름**처럼** 덥네.
今日は 夏の **ように** 暑いね。

인형**처럼** 예쁘네.
お人形さんの **ように** かわいい。

마치 부자**처럼** 행동하다.
まるで 金持ちの **ように** ふるまう。

물을 끼얹은 **듯이** 조용했다.
水を 打った**ように** 静かだった。

문득 생각났다는 **듯이** 질문했다.
ふと 思い出した**ように** 質問した。

- 夏(なつ) 여름   人形(にんぎょう) 인형   金持(かねも)ち 부자   ふるまう 행동하다
  ふと 문득, 갑자기

대박패턴 139~164 대박을 보장하는 복습시간

★ 1초 만에 바로 뜻이 이해가 가는지 한번 해 보자!

01 シートベルトの おかげで 助かった。

02 なまりの せいで からかわれた。

03 韓国というと キムチだね。

04 泣きたい ときは 泣いたら いい。

05 会う たびに きれいに なって いく。

06 食事を しながら 話しましょう。

07 散歩がてら コンビニに 行って きた。

08 時間が あったら 来てよ。

09 会社に 行かなくちゃ。

10 明日までに 出して ください。

11 眠たくて しょうが ない。

12 水を 打ったように 静かだった。

★ 바로 일본어로 말할 수 있는지 한번 해 보자.

01 안전벨트 덕분에 살았다.

02 사투리 때문에 놀림당했다.

03 한국이라고 하면 김치지.

04 울고 싶을 때는 울면 돼.

05 만날 때마다 예뻐진다.

06 식사하면서 얘기하죠.

07 산책을 겸해 편의점에 다녀왔다.

08 시간 있으면 와.

09 회사에 가야지.

10 내일까지 제출해 주세요.

11 졸려서 견딜 수가 없다.

12 물을 끼얹은 듯이 조용했다.

함께 알아두는 것이 편한
일본어 패턴

165	～なら	
166	～いくら～ても	
167	～なさい	
168	～ましょう	
169	～れば～ほど	
170	しかたなく	
171	～んじゃない	
172	～ませんか	
173	～のに	
174	なぜ	
175	～くて	
176	～っぽい	
177	～だけ	
178	～たまま／～ないまま	
179	～させられる	
180	やられた	
181	～て いただく	
182	～させて いただきます	
183	お(ご)～する	
184	お(ご)～に なる	

～なら ~라면

가정조건 표현으로, 자신의 생각이나 의견을 말하거나 상대방에게 충고나 의뢰 등을 하는 경우에 씁니다.

나 같으면 안 해.
私(わたし)なら やめるわ。

불치의 병이면 어쩔 수 없어.
不治(ふじ)の 病(やまい)なら どうしようも できない。

부재중이라면 됐습니다.
留守(るす)なら 結構(けっこう)です。

진심으로 좋아하면 고백하는 게 어때?
本気(ほんき)で 好(す)きなら 告白(こくはく)したら。

갈 거면 같이 가.
行(い)くなら 一緒(いっしょ)に 行(い)こう。

- 留守(るす) 부재중   結構(けっこう)だ 괜찮다   本気(ほんき) 진심
  告白(こくはく) 고백

いくら 〜ても 아무리 〜해도

양, 경험, 종류를 반복하지만 결국은 부정적인 결과가 된다는 뜻의 표현입니다.

아무리 말해**도** 모르는구나.

いくら 言っても わからないのね。

아무리 자**도** 부족해.

いくら 寝ても 足りない。

아무리 찾아**도** 없어.

いくら 探しても ない。

아무리 먹어**도** 만족하지 않는다.

いくら 食べても 満足しない。

아무리 불평해**도** 들어주지 않는다.

いくら 文句を 言っても 聞いて くれない。

● 足(た)りない 부족하다, 모자라다   探(さが)す 찾다   満足(まんぞく)する 만족하다

〜なさい ~하세요

명령이나 지시를 내릴 때 씁니다. 윗사람이 아랫사람에게 쓰지만 가족이나 친한 사이에서도 씁니다.

조심하세요.

気(き)を つけなさい。

조금 쉬세요.

少(すこ)し 休(やす)みなさい。

프로에게 맡기세요.

プロに まかせなさい。

엄마한테 말하렴.

お母(かあ)さんに 言(い)いなさい。

깨끗이 하세요.

きれいに しなさい。

- 気(き)を つける 조심하다   少(すこ)し 조금   休(やす)む 쉬다   まかせる 맡기다

~ましょう ~합시다

자신의 생각을 상대방에게 권할 때의 표현입니다. ~しよう의 정중형입니다.

힘냅시다.
がんばりましょう。

이만 돌아갑시다.
そろそろ 帰(かえ)りましょう。

약속합시다.
約束(やくそく)しましょう。

무리라면 그만둡시다.
無理(むり)なら やめましょう。

깨끗하게 합시다.
きれいに しましょう。

- そろそろ 슬슬, 이만   帰(かえ)る 돌아가다, 돌아오다

～れば ～ほど ~하면 할수록

반복해서 변화하는 내용을 결과로서 표현합니다.

보면 볼수록 감동한다.
見れば 見るほど 感動する。

알면 알수록 좋은 사람이네요.
知れば 知るほど いい 人ですね。

안달하면 안달할수록 안 돼!
あせれば あせるほど ダメよ。

속도를 올리면 올릴수록 위험해요.
スピードを 上げれば 上げるほど 危険です。

공부를 하면 할수록 재밌어졌다.
勉強すれば するほど おもしろく なった。

- 感動(かんどう)する 감동하다　あせる 안달하다, 초조하게 굴다　上(あ)げる 올리다
  危険(きけん) 위험

しかたなく 하는 수 없이

방법이나 수단이 달리 없음을 나타내는 체념의 표현입니다.

할 수 없이 줬습니다.
しかたなく あげました。

하는 수 없이 양보했습니다.
しかたなく ゆずりました。

하는 수 없이 혼자 갔습니다.
しかたなく 一人(ひとり)で 行(い)きました。

하는 수 없이 포기했습니다.
しかたなく あきらめました。

하는 수 없이 버렸습니다.
しかたなく 捨(す)てました。

● あげる 주다   ゆずる 양보하다   あきらめる 포기하다

～んじゃない ~잖아

뜻은 ~ですよ와 같습니다. 전달하고자 하는 내용을 강조하는 표현입니다.

현실감 없는 거 아냐?
現実離れなんじゃない？

착각 아냐?
勘違いなんじゃない？

당연한 거 아냐?
当たり前なんじゃない？

설명이 (너무) 대충이잖아.
説明が 大ざっぱなんじゃない。

훨씬 낫지 않아?
ずっと いいんじゃない？

- 現実離れ(げんじつばなれ) 현실과 동떨어짐 勘違(かんちが)い 착각
  当(あ)たり前(まえ)だ 당연하다 大(おお)ざっぱだ 대략적이다, 엉성하다

～ませんか ～하지 않을래요?

상대방의 입장을 고려하면서 권하는 표현입니다. か를 빼고 끝을 올려 말해도 같은 뜻이 됩니다.

같이 돌아가지 않을래요?
一緒(いっしょ)に 帰(かえ)りませんか。

놀러오지 않을래요?
遊(あそ)びに きませんか。

친구 하지 않을래요?
友達(ともだち)に なりませんか。

건배 안 할래요?
乾杯(かんぱい) しませんか。

영화 안 볼래요?
映画(えいが)を 観(み)ませんか。

- 一緒(いっしょ)に 함께, 같이   遊(あそ)ぶ 놀다

Chapter 09 함께 알아두는 것이 편한 일본어 패턴

～のに ～인데도, ～임에도 불구하고

내용적으로 모순되는 두 개의 사항에 대해 불만과 의외의 마음을 나타내는 표현입니다. 인정할 수 없다는 마음으로 강조할 때 쓰는 표현입니다.

막내**인데도** 똑 소리 난다.
末(すえ)っ子な**のに** しっかりして いる。

원래는 내 것**인데** 빼앗겼다.
もともとは 私(わたし)のな**のに** とられちゃった。

서로 좋아하**는데도** 헤어졌다.
おたがい 好(す)きな**のに** 別(わか)れた。

12월**이 되었는데도** 춥지 않다.
12月(がつ)に なった**のに** 寒(さむ)く ない。

비싼**데도** 잘 팔리고 있네.
高(たか)い**のに** よく 売(う)れて いるね。

- しっかりする 야무지게 하다, 똑 소리 나게 하다　とられる 빼앗기다
  別(わか)れる 헤어지다, 이별하다　売(う)れる 팔리다

なぜ 어째서

どうして와 같은 뜻이며, 쓰임의 차이도 없습니다.

왜요?

なぜですか。

왜일까?

なぜなんだろう。

왜 울고 있을까?

なぜ 泣(な)いてるのかな。

왜 오늘은 이렇게 추운 거지?

なぜ 今日(きょう)は こんなに 寒(さむ)いんだろう。

어째서 말을 듣지 않니?

なぜ 言(ゆ)う ことを きかないの。

- 言(い)う ことを きく 말을 듣다

～くて ~해서

어떤 일이나 행동의 이유를 표현할 때 い형용사에 くて를 붙입니다. 일상에서 수도 없이 쓰는 말이니 잘 익혀 두세요.

엄청 맛있**어서** 과식했어.

めちゃくちゃ おいし**くて** 食(た)べすぎちゃった。

분**해서** 참을 수 없어.

悔(くや)し**くて** がまんできない。

보고 싶**어서** 전화해 봤어요.

会(あ)いた**くて** 電話(でんわ)して みました。

기뻐**서** 눈물이 났어요.

うれし**くて** 涙(なみだ)が 出(で)ました。

필요 없**어서** 버렸어요.

要(い)らな**くて** 捨(す)てました。

- めちゃくちゃ 엄청(めちゃ의 힘줌말)　悔(くや)しい 분하다, 억울하다　涙(なみだ) 눈물
  要(い)らない 필요없다

~っぽい ~경향이 강하다

그런 경향이 있음을 나타냅니다.

그녀는 남자 같다.
彼女は 男っぽい。

커피가 싱거워 맛없다.
コーヒーが 水っぽくて まずい。

말투가 일본인스럽다.
話し方が 日本人っぽい。

그녀는 잘 까먹는다.
彼女は 忘れっぽい。

그는 싫증을 잘 내는 성격이에요.
彼は 飽きっぽい 性格です。

- まずい 맛없다　話(はな)し方(かた) 말투　飽(あ)きる 물리다, 싫증나다

〜だけ 〜뿐, 〜만

한정하고 강조할 때 씁니다.

너만 믿어.

君(きみ)だけを 信(しん)じるよ。

내일만 시간낼 수 있어요.

明日(あした)だけ 時間(じかん)が とれますよ。

생각했을 뿐입니다.

思(おも)っただけなんです。

해야할 일을 했을 뿐입니다.

やるべき 事(こと)を やっただけです。

그저 게으름을 피우고 있을 뿐이에요.

ただ サボってるだけです。

- **時間(じかん)が とれる** 시간을 낼 수 있다   **ただ** 단지, 다만, 그저, 그냥
  サボる 게으름을 피우다. (수업을) 빼먹다

~たまま / ~ないまま
~한 채로 / ~하지 않은 채

어떤 행동을 계속할 때 의식없이 지속적으로 해 버리는 행동, '그대로'라는 뜻이 내포되어 있습니다.

화장한 채로 자 버렸다.
化粧を したまま 寝ちゃった。

예약한 채로 잊고 있었습니다.
予約したまま 忘れて いました。

신발을 신은 채로 들어오세요.
くつを はいたままで どうぞ。

아무것도 모른 채……
何も 知らないままに……。

무엇을 살지 정해지지 않은 채 백화점에 갔다.
何を 買うか 決まらないまま デパートへ 行った。

● 忘(わす)れる 잊다 決(き)まる 정해지다, 결정되다

Chapter 09 함께 알아두는 것이 편한 일본어 패턴   233

～させられる (억지로) ～하다

남이 시켜서 하게 되었다는 표현으로, 말하는 이의 싫거나 당혹스럽다는 생각이 담겨 있습니다. 5단동사의 경우 더 줄여진 ～される의 형태가 많이 사용됩니다.

두꺼운 책을 (억지로) 읽었다.
厚(あつ)い 本(ほん)を 読(よ)まされた。

깊이 생각하게 되었다.
深(ふか)く 考(かんが)えさせられた。

이런 것을 (억지로) 먹게 할 수는 없어.
こんな 物(もの)を 食(た)べさせられない。

매일 운동을 (시켜서 억지로) 하고 있어요.
毎日(まいにち) 運動(うんどう)を させられて います。

마지못해 마셨습니다.
いやいや 飲(の)まされました。

- 厚(あつ)い 두껍다 深(ふか)い 깊다 考(かんが)える 생각하다
  いやいや 마지못해, 싫으나 하는 수 없이

やられた 당했다

'당했다'는 뜻으로, 피해를 봤을 때 쓰는 표현입니다. 정중형은 です, 또는 んです를 붙여 만듭니다.

소매치기한테 당했다.

スリに やられた。

보이스피싱을 당했다.

振り込め詐欺に やられた。

비에 작물이 피해를 입었다.

雨で 作物が やられた。

지진으로 인한 재해로 집이 무너졌다.

震災で 家を やられた。

모르는 사이에 당했습니다.

知らない うちに やられたんです。

- 振(ふ)り込(こ)め詐欺(さぎ) 보이스피싱   作物(さくもつ) 작물
  震災(しんさい) 지진으로 인한 재해   ~ない うちに ~않는 사이에

Chapter 09 함께 알아두는 것이 편한 일본어 패턴

～て いただく (남이) ~해 주시다

~て もらう의 겸양어입니다. 겸양어는 자신을 낮추는 표현입니다.

사진을 보여 주셨다.
写真を 見せて いただいた。

한 번 체크해 주셨어요.
一度 チェックして いただきました。

자상하게 가르쳐 주셨습니다.
丁寧に 教えて いただきました。

매일같이 보내 주십니다.
毎日のように 送って いただいています。

도와주시지 않으면 무리입니다.
手伝って いただか ないと 無理です。

- 丁寧(ていねい)に 자상하게, 정성스럽게, 소중하게　送(おく)る 보내다, 배웅하다
  手伝(てつだ)う 도와주다, 거들다

~させて いただきます

(제가) ~하겠습니다

상대에게 허가를 받아 내가 하겠다는 대단히 겸손한 표현입니다. 조금 어렵지만 '하겠다'는 뜻의 또 다른 표현으로 익혀 두세요.

참가하겠습니다.

参加させて いただきます。

보겠습니다.

拝見させて いただきます。 ▶ '보다'란 뜻의 가장 공손한 표현입니다.

이번에는 사양하겠습니다.

今回は 遠慮させて いただきます。

자세한 얘기를 들었습니다.

詳しい 話を 聞かせて いただきました。

그만두고 싶습니다.

やめさせて いただきたいと 思います。

- 拝見(はいけん)する 보다(見る의 겸양표현)　　今回(こんかい) 이번, 금번
  遠慮(えんりょ)する 사양하다, 삼가다　　詳(くわ)しい 자세하다, 상세하다

お(ご)〜する ～하다

행동의 주체는 나이지만 상대방에 대한 존경을 나타내는 겸양 표현입니다. お(ご)〜いたす를 쓰면 더욱 공손한 표현이 됩니다.

기다리겠습니다.

お待ちします。

제가 들겠습니다.

私が お持ちします。

즉시 전화하겠습니다.

さっそく お電話します。

소개하겠습니다.

ご紹介します。

회장으로 안내하겠습니다.

会場へ ご案内します。

- さっそく 곧, 즉시　紹介(しょうかい) 소개　会場(かいじょう) 회장

お(ご)～に なる ～하시다

상대방의 행동을 높이는 존경 표현입니다.

조금 전에 돌아가셨습니다.
先ほど お帰りに なりました。

사장님이 오십니다.
社長が お見えに なります。

선생님이 쓰신 책을 읽었습니다.
先生が お書きに なった 本を 読みました。

들으셨어요?
お聞きに なりましたか。

어서, 보십시오.
どうぞ、ご覧に なって ください。

- 先(さき)ほど 아까, 조금 전(さっき보다 공손한 말)   社長(しゃちょう) 사장님
  ご覧(らん) 보심

대박패턴 165~184 대박을 보장하는 복습시간

★ 1초 만에 바로 뜻이 이해가 가는지 한번 해 보자!

01 私(わたし)なら やめるわ。

02 いくら 探(さが)しても ない。

03 そろそろ 帰(かえ)りましょう。

04 勉強(べんきょう)すれば するほど おもしろく なった。

05 しかたなく あきらめました。

06 乾杯(かんぱい) しませんか。

07 高(たか)いのに よく 売(う)れて いるね。

08 めちゃくちゃ おいしくて 食(た)べすぎちゃった。

09 化粧(けしょう)を したまま 寝(ね)ちゃった。

10 丁寧(ていねい)に 教(おし)えて いただきました。

11 会場(かいじょう)へ ご案内(あんない)します。

12 お聞(き)きに なりましたか。

★ 바로 일본어로 말할 수 있는지 한번 해 보자.

01 나 같으면 안 해.

02 아무리 찾아도 없어.

03 이만 돌아갑시다.

04 공부를 하면 할수록 재밌어졌다.

05 하는 수 없이 포기했습니다.

06 건배 안 할래요?

07 비싼데도 잘 팔리고 있네.

08 엄청 맛있어서 과식했어.

09 화장한 채로 자 버렸다.

10 자상하게 가르쳐 주셨습니다.

11 회장으로 안내하겠습니다.

12 들으셨어요?

문장을 연결하거나 끝마치는 **접속사/종조사** 패턴

185	～し
186	～けど
187	～から
188	～が
189	～な
190	～なあ
191	～の
192	～なの／～なんだ
193	～なのよ／～なんだよ
194	～ね
195	～のね
196	～んだ
197	～よ
198	～さ
199	～じゃん
200	～もん

~し ~이고, ~하고

어떤 내용이 두 세 종류가 있을 경우 ~だし를 씁니다. 요즘은 雨だし~, 風強いし~와 같이 말끝을 し~ 하고 길게 늘려 말하기도 합니다.

오늘은 비도 오고 바람도 강하다.

今日は 雨だし 風も 強い。

저 가게는 세련되고 센스도 좋다.

あの 店は おしゃれだし センスも いい。

비빔밥은 간편하고 맛있다.

ビビンバは 簡単だし うまい。

떡볶이는 맛있고 싸다.

トッポッキは おいしいし 安い。

밖은 춥고요, 눈까지 내리고 있어요.

外は 寒いし 雪まで 降って います。

- 風(かぜ) 바람　おしゃれ 멋스러움, 멋을 부림　降(ふ)る 내리다, 오다

~けど ~이지만, ~한데도

어떤 일에 대해 반대의 뜻이 포함되어 있을 때 씁니다.

젊은 사람이지만 주름이 많다.
若者(わかもの)だけど シワが 多(おお)い。

미안하지만 도와주지 않을래?
悪(わる)いけど 助(たす)けてくれない。

읽었지만 줄거리는 기억 안 나.
読(よ)んだけど 大筋(おおすじ)は 覚(おぼ)えて いない。

일은 바쁘지만 재미있어.
仕事(しごと)は 忙(いそが)しいけど おもしろい。

여름이지만 추워서 난방을 틀었어요.
夏(なつ)だけど 寒(さむ)くて 暖房(だんぼう)を 入(い)れました。

● 若者(わかもの) 젊은 사람, 젊은이   助(たす)ける 돕다   大筋(おおすじ) 줄거리
暖房(だんぼう)を 入(い)れる 난방을 틀다

～から ～니까

생각의 원인이나 이유를 나타냅니다. ～ので보다 주관적인 성격이 강합니다.

내 것이니까 돌려줘.
私のだから 返して。

데이트니까 멋을 내야지.
デートだから おしゃれを しよう。

방이 좁아서 청소가 금방 끝난다.
部屋が 狭いから 掃除が すぐ 終わる。

기다리고 있을테니까 빨리 와.
待って いるから 早く 来てね。

학생이니까 할인이 됩니다.
学生ですから 割引が 利きます。

- 狭(せま)い 좁다   掃除(そうじ) 청소   割引(わりびき) 할인

～が ～이지만, ～인데도, ～이기는 하나

대립되는 두 가지 사항을 연결할 때 쓰는 표현입니다.

남동생은 꽃미남이지만, 여동생은 못생겼어.

弟は イケメンだが、妹は ブスだよ。

빵은 좋아하지만, 라면은 좋아하지 않아.

パンは 好きだが、ラーメンは 好きじゃない。

아빠는 키가 크지만, 엄마는 작아요.

父は 背が 高いですが、母は 低いです。

파스타를 만들었는데 아무도 먹지 않아.

パスタを 作ったが、誰も 食べて くれない。

만화는 보지만, 신문은 안 봐요.

まんがは 読みますが、新聞は 読みません。

● イケメン 꽃미남   ブス 여자의 얼굴이 못생김, 추녀

～な ~하지 마

동사기본형에 な를 붙이면 곧바로 '~하지 마'라는 표현이 됩니다. 단, 남성어입니다. 여성은 ～ないで라고 합니다.

이런 책은 읽지 마.

こんな 本(ほん)は 読(よ)むな。

오늘은 나가지 마.

今日(きょう)は 出(で)かけるな。

옷을 더럽히지 마.

服(ふく)を よごすな。

앞으로 오지 마.

これから 来(く)るな。

나서지 마.

でしゃばるな。

- 服(ふく) 옷   よごす 더럽히다   でしゃばる 나서다, 참견하다

~なあ ~네, ~군

말끝에 なあ를 붙이면 감탄사가 됩니다. 실제 회화에서는 あ를 길게 늘려 말합니다. 여성의 경우 약간의 비음이 섞여 애교스럽게 들리기도 하지요.

좀 외롭네.

ちょっと さみしいなあ。

변변한 게 없군.

ろくな ものが ないなあ。

째째하기는.

けちくさいなあ。

막걸리 먹고 싶다.

マッコリ 飲みたいなあ。

너도 어지간하다.

君は いい加減だなあ。

- **ろくだ** 변변하다, 제대로다   **けちくさい** 인색하다
  いい加減(かげん)だ 엉성하다, 무책임하다, 엉터리다

～の ～야

여성이 쓰는 표현입니다. 가벼운 단정을 말할 때 말끝에 の를 넣으면 표현이 부드러워집니다.

난 싫**어**.
私(わたし)は いやな**の**。

기억이 나지 않**아**.
思(おも)い出(だ)せない**の**。

아주 슬**퍼**.
とても 悲(かな)しい**の**。

무척 기분이 좋**아**.
すごく 気持(きも)ちが いい**の**。

그게 아니**야**.
それは 違(ちが)う**の**。

- 思(おも)い出(だ)す 기억이 나다, 생각해 내다   気持(きも)ち 기분, 마음
  違(ちが)う 틀리다

~なの / ~なんだ ~야, ~이야

말끝을 올리면 질문, 내리면 단정을 나타냅니다. 말을 부드럽게 만드는 능력이 있지요. 여성은 ~なの, 남성은 ~なんだ라고 합니다.

느긋한 성격이야.

のんきな 性格(せいかく)なの。

내 여자친구야.

僕(ぼく)の 彼女(かのじょ)なんだ。

지갑 속은 늘 비어 있거든.

財布(さいふ)の 中(なか)は いつも からっぽなの。

이래 봬도 유행에 민감하거든.

こう 見(み)えても 流行(りゅうこう)に 敏感(びんかん)なんだ。

에미짱 스타일이야?

えみちゃんの タイプなの?

● からっぽだ 텅 비다, 속이 비다   流行(りゅうこう) 유행   敏感(びんかん)だ 민감하다

Chapter 10 문장을 연결하거나 끝마치는 접속사/종조사 패턴   251

~なのよ / ~なんだよ
~야, ~이야

자신의 의견을 강조하는 표현으로, 여성은 ~なのよ, 남성은 ~なんだよ라고 합니다.

그 사람 성실해.

あの人って まじめなのよ。

촉촉한 타입의 크림이야.

しっとり タイプの クリームなのよ。

그 남자 응석받이야.

彼って 甘えん坊なのよ。

한번 봐, 좋은 작품이야.

一度 見て、いい 作品なんだよ。

그 사람, 기무라 씨 부인이야.

あの人 木村さんの 奥さんなんだよ。

- って ~라는 것은, ~란(~というのは, ~なんて의 축약형)   甘(あま)えん坊(ぼう) 응석받이

~ね ~구나, ~군요

ね는 '~구나, ~군요, ~겠지요, ~이지요' 등의 뉘앙스로, 가벼운 감탄이나 다짐, 자신과 상대방의 의견이 같은지 확인하고 동조를 구하는 표현입니다.

이제 나이도 먹었고.
もう 歳だしね。

인생 알 수가 없네.
人生 わからないのね。

베풀기 좋아하나봐.
世話好きだよね。

엄청 열 받아.
超むかつくね。　　　　　▶ チョ―라고 표기하기도 합니다.

긍정적으로 생각하자.
前向きに 考えようね。

- 世話好(せわず)き 남을 돌보기 좋아함　　超(ちょう) (어두에 붙어) 완전, 정말, 엄청, 대단히
  前向(まえむ)き 긍정적임

～のね ~이지

상대에게 질문하면서 확인이나 확신할 때 씁니다.

눈물 나게 기쁘구나?

泣くほど うれしいのね。

이제 필요없지?

もう 要らないのね。

기다렸구나?

待ってて くれたのね。

그랬던 거지?

そうだったのね。

당신 친절하네요.

あなたって やさしいのね。

- ～ほど ~정도로, ~만큼　やさしい 상냥하다, 착하다

~んだ ~야, ~이지

~なのだ의 회화체 표현으로, 명사와 な형용사는 ~なんだ, 동사와 い형용사는 ~んだ가 됩니다.

내 고향은 홋카이도야.
僕の 故郷は 北海道なんだ。

나는 요리를 잘해.
俺は 料理が 得意なんだ。

딸은 엄청 귀여워.
娘は とっても かわいいんだ。

아침은 아무것도 안 먹어.
朝は 何も 食べないんだ。

좀 피곤해.
少し 疲れて いるんだ。

- 故郷(こきょう) 고향   得意(とくい) 잘함   娘(むすめ) 딸
  とっても 매우(とても의 힘줌말)

Chapter 10 문장을 연결하거나 끝마치는 접속사/종조사 패턴   255

~よ ~야

자기 의견을 강조해서 말할 때 よ를 씁니다. 한국어의 존경어 '요'와는 다르므로 구별해서 써야 합니다.

이건 맛있어.

これは おいしいよ。

뭐든 알아.

何(なん)でも 知(し)ってるよ。

갑자기 왜 그래?

急(きゅう)に どうしたのよ。

좀 기다려.

ちょっと 待(ま)ってよ。

그렇게 화 내지 마.

そんなに 怒(おこ)らないでよ。

- 何(なん)でも 뭐든   急(きゅう)に 갑자기   怒(おこ)る 화 내다

～さ ～말이야

말끝에 붙여서 어조를 고르고 상대방의 주의를 끌기 위해 쓰는 표현입니다. 실제 회화에서는 さ～ 하고 늘려서 길게 발음하는 경우가 많습니다.

그러니까 **말이야**, 말했잖아.

だからさ、言ったじゃん。

나 **말야**, 잘하고 있는 걸까?

俺ってさ、いけてるかな。

지금 **말야**, 유명인을 만났어.

今さ、有名人に 会っちゃった。

이거 **말야**, 너무 비싸지 않아?

これってさ、高すぎじゃない?

진짜로 **말이야**, 나랑 사귀자.

まじでさ、俺と 付き合ってよ。

● 有名人(ゆうめいじん) 유명인   まじで 진짜로   付(つ)き合(あ)う 사귀다

~じゃん ~잖아, ~데

일본 젊은이들은 말끝에 ~じゃん을 잘 붙입니다. ~じゃないか가 변화한 회화체로 '반문'이 아닌 '강조'의 표현입니다.

대단한데.

すごいじゃん。

예쁘잖아.

かわいいじゃん。

엄청 맵잖아.

めっちゃ からいじゃん。

하는 수 없잖아.

仕方(しかた)ないじゃん。

꽤 잘하는데.

なかなか いけるじゃん。

- 仕方(しかた)ない 하는 수 없다   なかなか 꽤, 상당히
  いける 잘 할 수 있다, 꽤 쓸만하다, 상당히 좋다, 술을 꽤 마시다

~もん ~한 걸요, ~한 걸 뭐

~もん은 ~もの의 회화체로, 말 중간이나 끝에 붙어 이유를 나타냅니다. 자신의 정당성을 주장하는 응석 어린 표현으로, 여성과 아이들이 주로 씁니다.

하지만 아직 애인걸.

だって まだ 子供(こども)なんだもん。

싫은 걸요.

いやだもん。

혼자이고 싶은걸요.

一人(ひとり)に なりたいんだもん。

다신 안 와 뭐.

二度(にど)と 来(こ)ないもん。

지금부터 열심히 할 거야 뭐.

これから がんばるもん。

- だって 하지만, 그런데   いやだ 싫다

Chapter 10 문장을 연결하거나 끝마치는 접속사/종조사 패턴   259

대박을 보장하는 복습시간

★　1초 만에 바로 뜻이 이해가 가는지 한번 해 보자!

01　今日(きょう)は　雨(あめ)だし　風(かぜ)も　強(つよ)い。

02　仕事(しごと)は　忙(いそが)しいけど　おもしろい。

03　待(ま)って　いるから　早(はや)く　来(き)てね。

04　でしゃばるな。

05　ちょっと　さみしいなあ。

06　僕(ぼく)の　彼女(かのじょ)なんだ。

07　もう　歳(とし)だしね。

08　そうだったのね。

09　俺(おれ)は　料理(りょうり)が　得意(とくい)なんだ。

10　これってさ、高(たか)すぎじゃない?

11　すごいじゃん。

12　いやだもん。

★ 바로 일본어로 말할 수 있는지 한번 해 보자.

01 오늘은 비도 오고 바람도 강하다.

02 일은 바쁘지만 재미있어.

03 기다리고 있을테니까 빨리 와.

04 나서지 마.

05 좀 외롭네.

06 내 여자친구야.

07 이제 나이도 먹었고.

08 그랬던 거지?

09 나는 요리를 잘해.

10 이거 말야, 너무 비싸지 않아?

11 대단한데.

12 싫은 걸요.